ESCREVA BEM,
PENSE MELHOR

THALES GUARACY

ESCREVA BEM, PENSE MELHOR

Como escrever um bom texto e utilizar a redação para o desenvolvimento pessoal

AVENIDA

Título: Escreva bem, pense melhor

1ª. Edição, 2022

Supervisão de arte: Carlos Renato
Capa: Mateus Reis
Preparação de texto: Josie Rogero
Revisão de texto e diagramação: Milfolhas Produção Editorial Ltda.

Dados Internacionais de Catalogação na Publicação (CIP)
(Câmara Brasileira do Livro, SP, Brasil)

Guaracy, Thales
Escreva bem, pense melhor: como escrever um bom texto e utilizar a redação para o desenvolvimento pessoal / Thales Guaracy.
1. ed. - São Paulo:
Autores e Ideias: Avenida, 2022.
ISBN 978-65-84832-07-7
1. Comunicação escrita 2. Desenvolvimento pessoal
3. Escrita 4. Língua portuguesa - Composição e exercícios 5. Redação I. Título.

22-128483 CDD - 469.8

Índices para catálogo sistemático:
1. Escrita: Português Linguística aplicada 469.8
Cibele Maria Dias - Bibliotecária - CRB-8/9427

AVENIDA é um selo editorial publicado no Brasil pela Autores e Ideias Editora Ltda.
São Paulo, SP

SUMÁRIO

APRESENTAÇÃO

A importância de escrever bem

Escrever bem sempre foi importante, e hoje mais do que nunca. O papel da internet como meio de comunicação aumentou a oportunidade e a necessidade de escrever. Com isso, cresceu também muito o interesse pela prática que leva à boa redação.

Escrever, essencial como meio de expressão, é fundamental. E o exercício de escrever é um precioso auxílio. Encontrar a ideia principal, sintetizar e organizar as ideias, desenvolver e expor bem um raciocínio e exercer a criatividade na escrita são formas de aperfeiçoamento pessoal, úteis não somente para a redação, como um fim em si, mas em todas as atividades que exigem um pensamento claro e organizado.

Tanto para alimentar um blog, redigir um e-mail, fazer uma apresentação para os acionistas ou a diretoria, quanto para internet, jornal ou revista, os princípios para escrever bem são sempre os mesmos, não importa o tamanho do texto, ou sua finalidade.

O que escrevemos é produto direto do nosso pensamento. Um texto mal escrito, na maioria das vezes, revela o despreparo de quem está por trás dele. Não é por outra razão que o exame de redação é importante tanto em vestibulares quanto em testes de qualificação para um novo emprego.

O exercício de escrever permite refletir, organizar ideias e transmiti-las com clareza e objetividade. Ajuda a compreender, analisar, processar e reprocessar ideias de maneira clara, direta e, se possível, de forma inovadora e original. Escrever bem é pensar bem, e vice-versa. Quem consegue escrever com desenvoltura adquire a capacidade de ser mais objetivo, claro, sucinto e pode conquistar a atenção e o apoio dos outros. E não há nada mais valorizado no mundo do trabalho. Uma forma coesa e coerente de escrita pode evitar mal entendidos provindos das relações comerciais, assim como resolver possíveis entraves da comunicação que impedem o desenvolvimento profissional de indivíduos ou de um projeto por falta de compreensão entre as partes envolvidas.

Em tudo, escrever está ligado à educação. Quem escreve passa não somente uma mensagem sobre o tema em questão, mas também sobre si mesmo. Assim como ocorre com as roupas, um texto com correção e elegância é fundamental para a apresentação pessoal. E escrever de forma fiel às nossas próprias ideias e estilo ajuda a conseguir o que queremos, como queremos.

Escrever é relevante ainda para outra forma de desenvolvimento pessoal. Pelo processo da escrita, adquirimos um instrumento importante de autoconhecimento, que explora, interpreta e expressa nossa maneira de pensar, sentir e agir. Ajuda-nos a reconhecer e externar emoções. Nesse sentido, escrever é tão útil quanto a expressão corporal ou outras formas de arte por meio das quais hoje se faz terapia. Não é por outra razão que muita gente se dedica às formas literárias – do diário, ou blog, da poesia, do conto ou mesmo do romance.

Esta não é mais uma obra de gramática. A gramática ensina a escrever corretamente, conforme as normas da língua. Escrever bem depende de outros fatores. De um simples bilhete a uma tese de doutorado, o fundamental para isso está aqui. Com os exemplos a seguir, você pode superar as dificuldades normais de uma pessoa que escreve: encontrar o foco do texto, desenvolvê-lo e terminá-lo de maneira memorável. E também pode transformar o processo da escrita em algo importante e decisivo em sua vida. Ao criar o hábito de passar suas ideias para o papel, você consegue desenvolver um fluxo entre seus pensamentos e suas atitudes, o que melhora também o seu relacionamento interpessoal e o desenvolvimento profissional, tanto no campo das negociações quanto de apresentações criativas, científicas ou técnicas.

PRIMEIRA PARTE

Como escrever bem: guia de redação

O texto informativo – clareza, interesse, relevância

"O estilo pode ser muito claro e muito alto; tão claro que o entendam os que não sabem e tão alto que tenham muito que entender os que sabem."

Padre Antônio Vieira, escritor português (1608-1697)

O que determina a qualidade de um texto? A sua correção, o talento individual e a prática. Pode-se escrever bem sem talento, isto é, sem um dom natural. Mesmo quem tem um dom natural ou uma boa educação elementar não escreve tão bem quanto poderia sem o exercício da escrita.

Para escrever bem um texto cujo objetivo é transmitir informação, a primeira regra é a da clareza. Não se obtém profundidade com complicação. A forma nunca deve ocultar o conteúdo, mas, ao contrário, estar a seu serviço. O melhor texto é aquele que coloca a informação em primeiro lugar, dando-lhe a devida importância, sem disfarçá-la ou enfeitá-la.

A segunda regra é tornar o texto mais interessante, de maneira que a informação seja destacada não apenas por sua importância – o conteúdo – como pela forma clara e agradável da apresentação. De nada adianta uma informação relevante numa linguagem inacessível, confusa ou ambígua.

Escrever é uma atividade fértil para o autoengano. Um texto só pode ser considerado claro ou bem escrito quando a mensagem é captada pelo leitor e produz efeito. A função do texto, especialmente o informativo, não é provar a inteligência do autor, e sim servir ao seu propósito, que é atingir o leitor.

Para escrever claramente, é preciso querer fazê-lo de maneira direta. Não há como produzir um texto claro com o plano secreto, às vezes insconsciente, de fazer dele um trampolim para um romance vanguardista ou uma tese de doutorado. Em geral, o que se consegue ao agir dessa forma é o hermetismo, e este pode ser o princípio da ineficiência da comunicação.

É difícil, para alguém com ambições de se tornar o novo Shakespeare, aceitar o fato de que o caminho para um bom texto começa pela simplicidade. No entanto, é a verdade. Ele deve contar uma história, não dar uma aula. O texto com palavreado difícil, crivado de jargões ou confuso na sua estrutura, com frequência, procura apenas ocultar a pobreza de conteúdo. Os excessos na linguagem nunca compensam a falta de um conteúdo importante.

O texto claro deixa evidente quando seu conteúdo é fraco, insuficiente ou equivocado. Por isso, um bom redator obriga-se a elevar o patamar do seu trabalho também na qualidade da informação que utiliza ou na importância e originalidade das ideias que expõe. Um bom texto é resultado do conteúdo relevante e da forma que mais o valoriza.

Esses princípios elementares funcionam para qualquer tipo de texto, seja o jornalístico (revista, jornal, TV, internet), com o objetivo de informar, seja o de uma enciclopédia, ou mesmo de uma carta dirigida a funcionários ou acionistas de uma empresa.

Lembre-se. Escrever bem um texto informativo implica:

1. Expor e realçar a notícia ou ideia principal;
2. Dar clareza às ideias;
3. Tornar o texto convidativo e interessante para o leitor.

Como começar?

Muitos escritores profissionais já trataram do dilema da página em branco: como começar um texto? No caso de textos informativos, sejam de imprensa, sejam de outras áreas profissionais, a resposta é simples: comece pelo mais importante.

Escrever nos obriga a pensar, essência do trabalho da escrita. Torna-se muito mais fácil escrever quando sabemos identificar o que é importante ou essencial, colocando isso em primeiro lugar da forma mais simples e direta possível.

A primeira atitude diante da página em branco, portanto, é pensar. Avalie o que realmente quer dizer, e, se houver mais de uma coisa a dizer, avalie também qual é a ordem de importância.

Quando estamos certos do que queremos dizer – identificamos o mais importante, estabelecemos e seguimos a ordem de importância das ideias –, a mensagem se torna mais clara. Portanto, escrever nos força a resolver as questões que nos deixam em dúvida, porque, para ir ao papel, precisamos avaliar o assunto que devemos ou queremos expor e lhe dar rumo.

Ser breve é cada vez mais importante. Leitores hoje em dia têm muito pouco tempo ou paciência para textos longos. Como muitas vezes o primeiro parágrafo é tudo o que será lido, é melhor que ele seja completo e compreendido em si mesmo.

Lembre-se, portanto, do que é necessário para começar um texto:

- Identifique a ideia principal.
- Apresente-a com clareza e concisão.
- Deixe-a completa.

A abertura

No texto informativo, o elemento principal é a notícia, ou a síntese das informações (quando temos várias notícias com a mesma importância). Quando se trata de um texto analítico ou opinativo, identifique a ideia mais relevante. Comece sempre por ela, seja qual for o assunto ou a mídia. No texto técnico, organizacional ou comercial, o elemento principal é a informação que justificará a ação que se espera obter do leitor: na publicidade, o produto; na administração, as orientações ou os resultados; na ciência, as teses ou teorias.

A abertura de um texto, que se chama *lead* no jargão jornalístico, tem a missão de dar a informação principal e, ao mesmo tempo, prender a atenção do leitor, levá-lo a prosseguir na leitura, mesmo que logo no começo tenha sido satisfeita sua necessidade principal ou curiosidade.

Além de apresentar de forma clara e concisa a informação principal, a abertura tem uma segunda função: deve transformar o importante em interessante. Desde que cumpra esse objetivo, o redator pode escolher por começar pelo particular (por exemplo, uma descrição), pelo genérico, pela síntese ou pela análise. Não há uma forma única, porque uma das funções da abertura é justamente surpreender.

Na abertura, a primeira e a segunda frases são de extrema importância. É por meio delas que o leitor resolve se irá persistir na leitura ou não.

Veja alguns exemplos de abertura:

"Inteiramente nus e com os corpos cuidadosamente pintados de vermelho e azul, Assis Chateaubriand e sua filha Teresa estavam sentados no chão, mastigando pedaços de carne humana."

Chatô, o Rei do Brasil, de Fernando Morais

"No final da tarde da última terça-feira de setembro, 1831, Fryderyk Franciszek Chopin, somente seis meses após seu vigésimo primeiro aniversário, entrou na grande cidade de Paris determinado a conquistá-la – e tranquilamente preparado para morrer ali muito antes de atingir uma idade avançada. Ambas as profecias seriam realizadas."

Chopin em Paris, de Tad Szulc

Evite:

– Começar com uma declaração. Soa pedante ou professoral. A exceção é quando ela é realmente muito importante ou o objetivo é causar estranheza.

– Provérbios. São mais indicados para fábulas. Não trate o leitor como um aprendiz.

– Piadas ou frases pretensamente engraçadas.

– Jargões, clichês, linguagem tortuosa ou termos obscuros, que afastam o leitor.

– Definições de dicionário que se tornam lugares-comuns: "corrupção, segundo o Aurélio, é...".

– Amparar-se nas ideias de pessoas de mais alta

hierarquia como respaldo, o que poderá caracterizar simples bajulação: "assim como costuma dizer o chefe..." ou "seguindo a prática da nossa matriz na Alemanha...".

Prefira:

– Evidenciar o fato novo e relevante que o texto contém. É a melhor maneira de atrair o leitor. Cuide para que o fato principal – o "gancho" –, ou a circunstância que leva a ele, seja expresso de forma clara e direta.

– Comparações. Ajudam a exprimir a ideia central.

– Fatos que tenham relação direta com a ideia central ou que ajudem a ilustrá-la.

– Números, porcentagens e datas, que ajudam a exprimir o propósito de sua comunicação e chamar atenção para a relevância do assunto.

Cuidado com:

– Citações. Podem soar pedantes.

– Ironias. A maior parte dos leitores leva o texto ao pé da letra.

– Digressões muito longas antes de chegar ao tema principal – o chamado "nariz de cera". Tornam o início tortuoso, o que, além de dificultar o entendimento para o leitor, também pode criar nele a expectativa de que todo o texto será maçante.

Desenvolvimento

Depois de selecionar a informação, refletir a respeito e tirar suas conclusões, você deve ter uma pequena lista de coisas que realmente quer dizer ao leitor. Esses são os marcos pelos quais o texto deve passar. Caso sejam muitos, ou você receie não se lembrar de todos, ordene-os de acordo com sua importância. Assim, para dar bom desenvolvimento ao texto, basta seguir esta sequência. Mesmo escritores profissionais recorrem a essa técnica. Roteiristas de cinema ou de TV chamam essa lista de "escaleta".

Essencial para o desenvolvimento do texto é a organização mental. Escrever em ordem lógica, colocando uma ideia após a outra, de maneira encadeada, é mais fácil quando se tem uma mente que trabalha assim. Por essa razão, as pessoas que transitam com facilidade no mundo das letras aproximam seu texto da maneira como falam e, por conseguinte, de como pensam, e vice-versa.

O motivo é que sua linguagem, como produto da organização do pensamento, torna-se uma só: pensa-se como se escreve e se escreve como se pensa. Essa fusão se dá aos poucos. Com a prática, pensamos e escrevemos ao mesmo tempo. Escrever bem é pensar bem. Pensando de modo organizado, escreve-se da mesma forma.

Definir o que se quer antes é a melhor maneira de não ficar dando voltas torturantes que podem levar a uma pane geral. E escrever é um bom exercício de identificação do importante, de concisão e análise que acaba sendo útil para tudo, não somente transferir ideias para o papel.

Em textos longos, ou para quem tem mais dificuldade de organização mental, a escaleta é um bom auxílio. Algumas pessoas já possuem o hábito de desenvolver listas para tudo, desde afazeres corriqueiros até planos e projetos pessoais ou profissionais. Com elas, pode-se montar a sequência de ideias que parece natural e fazer algumas mudanças antes de escrever. Não tenha vergonha de aceitar a dificuldade de um texto e recorrer a esse expediente. Grandes talentos literários fizeram e fazem o mesmo. Isso faz parte do processo da escrita, da mesma forma que o esboço faz parte do trabalho de quem desenha profissionalmente.

Experimente ordenar suas ideias no papel em uma situação que requeira reflexão. Mesmo quando não se tem de escrever a respeito, é um excelente instrumento para analisar problemas, organizar as ideias e encontrar soluções.

Fecho

O fecho de um texto é quase ou tão importante quanto a abertura. Pode trazer uma informação surpreendente, apresentar uma conclusão esclarecedora, convidar para uma ação ou desferir uma tirada inesperada.

Esmere-se para que o leitor saia bem impressionado. Um fecho fraco dá a sensação de que o texto inteiro não é bom. Diferentemente do ditado popular, no caso da palavra escrita, mais do que a primeira, a última impressão é a que fica.

O fecho pede cuidado redobrado com a correção das informações e a ortografia. O cansaço cresce à medida que o redator trabalha, e a tendência é a qualidade do texto ir declinando.

Habitue-se a reexaminar o texto da metade para a frente, depois de um período de descanso, de maneira a retomar um nível mais alto de atenção no trecho final.

Veja de que maneira os textos das obras citadas anteriormente como exemplo de abertura terminaram:

"Bardi abre os braços e responde, também na frente de todos, com franqueza desconcertante:

Mas dottore, esta é minha última homenagem a Assis Chateaubriand, vero? Nesta parede estão as três coisas que ele mais amou na vida: o poder, a arte e a mulher pelada."

Chatô, o Rei do Brasil

"Fryderyk Chopin deu ao mundo um tesouro em forma de música. O mundo deu a Chopin um tesouro em forma de pessoas."

Chopin em Paris

Concisão e síntese

Um problema comum, especialmente para a construção da abertura do texto, é a dificuldade de sintetização das ideias. Na abertura, a síntese tem o papel de condensar e ressaltar bem no início a relevância das informações contidas ao longo do texto. E permite interessar e encaminhar o leitor para a leitura dos detalhes que serão ordenados na sequência.

Sintetizar ideias ou informações é como fazer ginástica: fica melhor com a prática. Para elaborar a síntese, não pense naquilo que você leu, ou em todas as informações que coletou, reproduzindo as palavras ou frases originais. Pense somente no que entendeu disso tudo e utilize suas próprias palavras. Sintetizar é diferente de cortar um texto. Para expressar o substrato, muitas vezes tem-se que mudar as palavras.

O exercício da síntese é importante não apenas para abrir resumidamente o texto. Ele leva a novas conceituações e estimula o pensamento. O autor do texto cresce e faz o leitor passar pelo mesmo caminho.

A síntese é crucial também para o desenvolvimento do texto. Quanto mais sintéticas forem as ideias, mais claras e bem-ordenadas elas estarão na sequência.

Quando o objetivo é informar ou comunicar de forma rápida e sucinta, escrever nos obriga igualmente a um exercício de concisão. A concisão é a forma mais direta ou breve de expressar uma ideia.

Concentre-se no principal. Evite desperdiçar texto inutilmente. Vá direto ao ponto e evite toda e qualquer palavra que possa ser dispensada.

Mecanismos da internet, como o Twitter, são um bom treino de como passar mensagens com grande concentração de conteúdo. A capacidade de síntese e a concisão, quando aplicadas juntas, passam mensagens mais fortes.

Use o que você sabe

O maior auxiliar na criação e no desenvolvimento do texto é o amadurecimento das ideias. Pense antes de escrever. Exceto no caso de obras experimentais, o texto é apenas a expressão escrita do que você já tem na cabeça. Caso não tenha nada, não é hora de começar.

Um texto melhora e se torna mais rico com informação, experiência de vida e capacidade de análise. Use o que você sabe. Isso enriquecerá o texto. E poderá também torná-lo mais pessoal.

Você pode não ter muita informação, experiência de vida e capacidade de análise, mas ainda assim saber identificar precisamente o que deseja dizer e sintetizar suas ideias. Basta que tenha uma mensagem relevante ou interessante, ou ainda que tenha um objetivo a atingir. E procure se aprofundar no assunto de que vai tratar. A melhor maneira de transmitir bem e com prazer uma ideia é entender e gostar honestamente do que se trata.

Encadeamento e lógica

Seja qual for o tipo de texto, uma boa abertura leva a um bom desenvolvimento. Ele depende da exploração, detalhamento ou complementação da ideia inicial e seus desdobramentos. Quando o desenvolvimento se mostra mais difícil, em geral o problema está no começo. Reavalie a ideia principal e verifique se foi exposta de maneira direta e clara.

Quando há uma boa abertura, o desenvolvimento do texto costuma acontecer sem muito esforço, de forma natural. A abertura propicia o direcionamento das ideias. Estabelecer a ordem das ideias ajuda a criar uma sequência lógica e favorece um bom encadeamento do texto, isto é, uma ideia leva a outra da maneira mais natural possível. Num bom texto, a leitura flui de um parágrafo ao seguinte como se desliza em um tobogã.

Na estrutura do texto, é sempre melhor a ordem natural (autor, ação e consequência). Isto é, a ordem direta, conforme a gramática: sujeito, verbo e predicado.

O texto mais fácil de compreender é aquele em que um fato leva a outro. A sequência lógica dá sentido de causa e efeito à ação e apresenta os acontecimentos com naturalidade.

Exemplo:

"Para sua surpresa, o encanador encontrou a síndica caída no chão do banheiro, depois de seguir a água que corria pelo chão. Eram 4 horas da tarde e, ao chegar, ele estranhara ter encontrado a porta do apartamento aberta."

Prefira:

"O encanador chegou às 4 horas da tarde. Estranhou a porta do apartamento aberta. Seguiu a água que corria do banheiro. Para sua surpresa, encontrou a síndica caída no chão."

Quem tem um raciocínio coerente e organizado em geral escreve de maneira lógica. E quem não tem pode adquiri-lo com o exercício da escrita. No entanto, às vezes é importante quebrar esse fluxo, para que o texto não se torne óbvio demais ou monótono.

Para ligar o texto, evite apoiar-se em muletas do tipo "seja como for", "de qualquer forma", "à parte". Muletas denunciam a existência de frases soltas. O melhor encadeamento se dá pela sequência da ação, a ligação entre uma notícia e outra, ou a sua consequência, e não por conectivos.

O emprego dessas expressões utilizadas como muletas permite, em certas circunstâncias, abrir uma picada num trecho sem saída. Porém, em excesso, torna-se repetitivo, cria um vício, automatiza a redação. Usado em todo o texto, sobretudo nos mais longos, o conectivo produz o efeito da costura em uma colcha de retalhos.

Sabe-se que o encadeamento é bom quando o trabalho de redigir está fluindo bem. Resultado, a leitura também se torna fácil.

Siga o fluxo natural do pensamento. Você pode fazer uma escaleta, mas aproveite as ocasiões para desviar-se dela. Essas oportunidades surgem de maneira intuitiva durante o ato de escrever. Utilize o bom-senso e o espírito de oportunidade para quebrar a monotonia, sobretudo em um texto longo.

Esgote o assunto, mude e não volte a ele. Não tenha pressa em saltar adiante, deixando pontas soltas: informações sem complemento e ideias sem conclusão. É melhor encerrar bem um assunto, mesmo quando estendido um pouco mais do que se planejava, do que ter de retomá-lo depois. Idas e vindas dão ideia de confusão e nos levam para trás no texto, quando ele deve fluir sempre para a frente.

Aperfeiçoamento do texto

Com atenção e treino pode-se não apenas aperfeiçoar um texto já escrito, mas pensar e escrever simultaneamente, isto é, se pensa enquanto se escreve, e vice-versa. Ao longo do tempo, escrever se torna uma extensão do que pensamos, uma manobra automática, como a de dirigir um carro.

Algumas regras colaboram para a clareza e a boa consecução de um texto, em especial o informativo, e o seu consequente aperfeiçoamento. À primeira vista elas parecem apenas normas estilísticas, mas são mais que isso. Aplicá-las como um exercício permanente ajuda a treinar o cérebro, que, com a prática, se torna mais afiado. E, com o cérebro mais afiado, o texto também melhora, criando um círculo virtuoso.

Utilize frases curtas

São a chave da compreensão. Quebre frases longas. Frases cheias de vírgulas e travessões pedem ponto-final.

Referência da língua portuguesa, Machado de Assis utilizava muito o ponto e vírgula para sustentar frases mais longas. Embora correto, o ponto e vírgula pode ser substituído por frases mais curtas com ponto-final ou por dois-pontos, antes de uma sequência prolongada.

Exemplo:

"Ele se levantou cedo, sem vontade de comer; tomaria o café mais tarde, já no trabalho; café sem pão, sem manteiga, sem nada; café como vício, café sem nutrientes, apenas um estimulante, café sem amor."

É melhor:

"Ele se levantou cedo, sem vontade de comer. Tomaria o café mais tarde, já no trabalho. Café sem pão, sem manteiga, sem nada: café como vício, café sem nutrientes, apenas um estimulante, café sem amor."

Prefira a ordem direta

Sujeito, verbo e predicado. O simples funciona melhor.

Exemplo:
"De fome, de sede, de amor morreu João Aurélio."

É melhor:
"João Aurélio morreu de fome, de sede, de amor."

Coloque os verbos na voz ativa

Eles economizam esforço de compreensão, deixam as frases mais diretas, imediatas, e sugerem ação, dando dinâmica ao texto.

Exemplos:
"O diretor foi demitido pelo presidente."

É melhor:

"O presidente demitiu o diretor."

"O trabalho de resgate foi dificultado pelo terreno acidentado e a densidade da floresta."

É melhor:
"O terreno acidentado e a densidade da floresta dificultaram o trabalho de resgate."

A exceção à regra é quando a inversão da ordem coloca em destaque uma ideia ou personagem que interessa iluminar mais, dependendo do contexto.

Exemplo:
"A mulher traiu o marido com o cunhado." (ordem direta)

Ou:
"O marido foi traído pela mulher com o cunhado." (ordem inversa)

Use parágrafos regulares

O parágrafo é uma unidade da composição. Cada parágrafo desenvolve uma ideia. Escrever um texto é ordenar esses blocos de ideias de maneira encadeada.

Parágrafos longos são cansativos. Um parágrafo grande em geral assusta o leitor antes mesmo de ele enfrentar a primeira frase. Mesmo que a ideia do parágrafo ainda não tenha se esgotado, considere a possibilidade de quebrá-lo em dois para arejar a leitura.

Parágrafos muito curtos podem servir para enfatizar uma informação ou ideia, mas não se pode abusar deles. Dão a sensação de uma cartilha escolar, de tópicos ou de uma lista e quebram a fluidez. Um parágrafo médio é suficiente para desenvolver uma ideia. Apresenta uma notícia ou ideia principal, suas causas e consequências. E levanta o assunto do parágrafo seguinte. Essa expectativa do que vem a seguir prende a leitura e contribui para o bom encadeamento do texto.

Um texto com parágrafos de blocos perfeitos, quase do mesmo tamanho, não é necessariamente repetitivo ou aborrecido. Transmite a sensação de que é produto de um pensamento organizado. Um redator que escreve regularmente passa a fazer seus parágrafos mais ou menos do mesmo tamanho, de maneira quase inconsciente. É o cérebro trabalhando de modo sistemático. Mudar o tamanho dos parágrafos, porém, pode dar ênfase a uma ideia, tornar o texto mais dinâmico e criar surpresas.

Sobre uma base bem feita, surgem as oportunidades para explorar melhor as ideias, criar efeitos e surpreender. E sobressai o que interessa: o conteúdo.

Parágrafos que parecem desconectados com o conjunto do texto em geral podem ser cortados por inteiro sem prejuízo. Ou podem ser transformados em um subtexto, gráfico ou ilustração.

Problemas de lógica

Informações, ideias ou construções às vezes contradizem passagens anteriores ou deixam o texto sem sentido por desatenção.

Os problemas de lógica podem estar dentro de uma mesma frase. Atente para sentenças rebarbativas ou sem sentido. Exemplos:

"Era um milionário do ramo de negócios." ("Negócios" é uma designação geral de atividade, não um ramo.)

"Subiu ao vigésimo andar e desceu no departamento comercial." (O ato de sair do elevador é associado a "descer do elevador", mas isto nunca nos leva novamente para baixo. Basta: *"Subiu ao vigésimo andar, no departamento comercial."*)

"Em estado grave, respira por aparelhos."

É melhor apenas "*Em estado grave*" ou "*Respira por aparelhos*". Dito que alguém respira por aparelhos, a gravidade fica demonstrada com uma informação objetiva do seu grau.

"Aguardamos breve retorno, assim que possível." É melhor: *"Aguardamos breve retorno"*, ou *"Aguardamos retorno assim que possível"*.

Um deslize muito frequente é induzir a um raciocínio errôneo, inexistente ou existente apenas na cabeça do redator, razão pela qual muitas vezes passa despercebido mesmo quando este lê e relê o que escreveu.

Exemplos:

"Apesar de vir da imprensa escrita, João Alberto anunciou sua intenção de trabalhar de agora em diante na televisão."

Ou:

"Mesmo sendo grande usuário de drogas, Paulo colaborou com a polícia na captura do traficante Valadão."

Ao criar a noção de que João Alberto quer trabalhar em TV "apesar" de vir da imprensa escrita, o autor externa um ponto de vista não necessariamente verdadeiro. Não há contradição no fato de João Alberto querer mudar de área dentro de um ramo que, mesmo com diferenças, não deixa de ser semelhante. Da mesma forma, ser usuário de drogas não impede que Paulo decida colaborar com a polícia; ele pode ter um bom motivo para isso. A frase é vaga e necessita de contextualização.

O problema é resolvido quando se tira a palavra "mesmo". Deixamos estritamente a informação, sem nada que implique juízo de valor:

"João Alberto, vindo da imprensa escrita, anunciou sua intenção de trabalhar de agora em diante na televisão."

"Grande usuário de drogas, Paulo colaborou com a polícia na captura do traficante Valadão, mediante um acordo feito por seu advogado."

Outro caso:

"Minha graduação foi em gastronomia, porém logo passei a exercer um cargo gerencial, justamente por entender a logística da cozinha."

A graduação em gastronomia não impede nem contradiz o exercício do cargo gerencial. São etapas complementares da carreira. Melhor usar aqui a conjunção aditiva "e", em vez da adversativa "porém".

Use intertítulos

Textos mais longos tendem a ser cansativos. Para minimizar o problema, são utilizados intertítulos, espaços ou mesmo a divisão em capítulos, que arejam o texto e permitem ao leitor retomar o fôlego. Quando utilizado, o intertítulo é colocado a cada grupo de três ou quatro parágrafos.

A cada intertítulo, o texto recomeça. Por isso, o início de cada segmento é uma pequena abertura, que deve lançar o leitor para a ideia que vem a seguir.

Um bom intertítulo não deve ter mais que uma ou duas palavras. Como ele é um elemento de destaque, com a função de manter o interesse do leitor, escolha as palavras mais fortes ou diretas do texto subsequente. Exemplo: "Use intertítulos". Ou: "Seja sucinto".

Seja sucinto

Evite exibir cultura de almanaque. Estender-se num assunto não chama mais a atenção, apenas o torna exaustivo. Dê as informações que representam uma novidade para o leitor ou que sejam relevantes para o entendimento do assunto e coloque um ponto-final.

A concisão deve atingir também a frase e as expressões. A linguagem coloquial oferece várias muletas para amparar o que se pode dizer em uma única palavra. Na língua falada, são passáveis. Na escrita, dispense-as.

Exemplos:

Vai aumentar: aumentará.

Começou a pensar: pensou.

Tinha feito: fez.

Neste momento nós acreditamos: acreditamos.

Travar uma discussão: discutir.

Na eventualidade de: se.

Com o objetivo de: para.

A razão disso é que: porque.

A fim de: para.

Com relação a: sobre.

Minoração dos encargos ora existentes: redução dos encargos.

Existem palavras que, na língua falada, cumprem a função de dar tempo para pensar no que vamos dizer. Na língua escrita, devem ser cortadas, com ganho no impacto da mensagem.

"O homem nasce nu, isto é, *não precisa de nada do que possui para viver."*

"Ela anda nervosa, quer dizer, *mais nervosa que de costume."*

"O sertanejo pobre sofre desde criança. Por outro lado, *tem uma força atávica que o faz agarrar-se à vida."*

"Não há dúvida de que *o Brasil ainda será um grande país."*

"*Ele* é uma pessoa que *faz muitos amigos.*"

"A razão é que *muitas crianças têm alergia ao pólen."*

"Foi uma ferida feia, como consequência *saiu muito sangue."*

Uma das muletas mais renitentes é a palavra "fato", candidata a aparecer toda hora:

Não:

"Sabedor do fato *de que o oponente é fraco, arriscou-se a enfrentá-lo."*

Sim:

"Sabedor da fraqueza do oponente, arriscou-se a enfrentá-lo."

Não:

"Chamou a atenção para o fato *de que o Brasil precisa de educação."*

Sim:

"Chamou a atenção para a necessidade de educação no Brasil."

Não:

"O fato de *eu ter chegado cedo não quer dizer que estava com pressa."*

Sim:

"Chegar cedo não queria dizer que eu estava com pressa."

Elimine verbos auxiliares

A utilização do auxiliar "ir" para construir o tempo futuro no modo indicativo é muito observada na língua falada e seu uso se estendeu à escrita. Porém, prefira a forma direta, que tem mais impacto:

"Haverá muitas mudanças políticas" (em lugar de *"vai haver muitas mudanças políticas"*).

"A fábrica não sabia quando entregaria as máquinas" (melhor que *"A fábrica não sabia quando iria entregar as máquinas"*).

"A ex-mulher do prefeito afirmou que contará tudo o que sabe" (e não *"afirmou que vai contar tudo o que sabe"*).

Precisão

Já foi inventada uma palavra para tudo o que se quer designar. Empregue-a. Utilizar o termo específico elimina o impressionismo e a generalização. Procure não enfeitar a informação com palavras diferentes ou para mostrar riqueza de vocabulário. Vá direto ao ponto.

Exemplos:

Fora do prazo estipulado: um dia atrasado.

Fazia um calor de rachar: 40 graus.

Faltou com o decoro: insultou.

Fina e cara gravata: gravata de seda.

Um dos melhores tenistas do mundo: quarto do ranking.

Parlamentar: deputado federal.

Nas quatro linhas: dentro de campo.

Crime hediondo: matou a machadadas.

Chefe da nação: presidente.

Precipitação pluviométrica: chuva.

Órgão genital masculino: pênis.

Abalo sísmico: cinco ministros caíram por corrupção.

Bacharelismo

Palavras complicadas ou em desuso dificultam o entendimento e denotam pedantismo. Palavras simples ajudam a escrever com naturalidade e auxiliam a compreensão. Elas aproximam o texto do leitor.

Exemplos:

Empreender: fazer.

Diligenciar: esforçar-se.

Obviamente: é claro.

Auscultar: examinar, sondar.

Falecer: morrer.

Óbito: morte.

Féretro: caixão.

Esposo, esposa: marido, mulher.
Matrimônio: casamento.
Morosidade: lentidão.
Impenetrabilidade: segurança.
Transcendental: elevado.
Unicamente: só.
Comercializar: vender.
Transparência: honestidade.
Abordagem: discussão.
Argênteo: prateado.
Nefelibata: anda com a cabeça nas nuvens.
Repensar: pensar.

Evite jargões

Eles só são indicados para um texto também especializado, voltado a um público da área, plenamente capaz de entendê-los.

Uma das tarefas do bom redator é traduzir para o leitor assuntos complicados, colocando-os em termos simples ou que pertencem ao seu universo. Empregue palavras com os quais o leitor está familiarizado, dentro do seu próprio contexto.

Exemplos:

– "Matéria" é um conceito da Física. Quando se trata de produto jornalístico, prefira "reportagem".

– "Furo" é uma notícia exclusiva, em Jornalismo. Na linguagem corrente, significa um pequeno buraco e, na figurada, é uma ação que gerou desapontamento. Prefira "notícia exclusiva" ou "em primeira mão".

– "Macroeconomia" é como os economistas denominam o que todos chamam de "economia".

– "Mialgia": termo técnico da Medicina para a dor muscular.

– "Parte": para os advogados, é o seu cliente. Para os demais, é uma fração de um inteiro ou um pedaço de alguma coisa.

– "Causa mortis", a causa da morte.

Quando o jargão for utilizado como o termo preciso, requer explicação.

Exemplo:

A crioterapia, uso terapêutico do gelo, *é cada vez mais utilizada no esporte para a recuperação muscular.*

Indica-se o uso dos jargões em casos técnicos ou nos quais a comunicação ocorre dentro de um grupo familiarizado com o termo. Em um texto dirigido a fisioterapeutas, pode ser desnecessário esclarecer que o "gastrocnêmio" é o músculo conhecido por panturrilha (ou "batata da perna"). Fora do ambiente técnico, porém, é preferível o termo popular ou o técnico com a devida explicação. Exemplo: *"O jogador sofreu uma lesão do gastrocnêmio, o músculo conhecido como panturrilha".*

Use termos coloquiais

Não empregue termo científico ou um neologismo em vez de palavras da linguagem diária, em favor do entendimento.

Exemplos:
Homo Sapiens: Homem.
Asinino: asno, jumento.
Hermético: entendido somente por especialistas.
Halomórfico: salgado.
Teutônico: alemão.
Pardo: mulato.
Sinergia: esforço conjunto.
Consubstanciado: transformado.
Introspectivo: tímido.
Denota: mostra.

Existe uma diferença entre o coloquial e o popular. Coloquial é o termo de uso corrente. O popular carrega uma conotação negativa ou desrespeitosa que deve ser evitada, sobretudo quando se refere a cor, raça, credo ou minorias sociais. Prefira a forma coloquial ou técnica quando não houver outra.

Exemplos:
Bêbado: alcoolizado.
Débil: deficiente mental.
Aleijado: portador de deficiência física.

Nego, preto, crioulo: negro.
Bicha, gay: homossexual.

A correção, a isenção e a elegância devem transparecer na linguagem. Evite termos chulos, obscenos, escatológicos e vulgares. Mesmo num território supostamente privado, como um blog, não se esqueça de que ele poderá ser lido por um chefe, cliente ou outra pessoa que pode fazer disso um juízo indesejável.

Evite palavras e expressões ofensivas, desrespeitosas ou de conotação preconceituosa com pessoas, raças, credos ou instituições, como "judiar". A linguagem comedida e despida de preconceitos colabora para a construção da imagem de quem escreve. E, especialmente no caso do profissional, com a sua imagem de imparcialidade e credibilidade.

Prefira a língua portuguesa

Palavras ou expressões estrangeiras podem não ser compreendidas por alguns leitores e muitas vezes denotam afetação:

Delivery: entrega em domicílio.
Fast-food: lanchonete.
Hall: saguão.
Ticket: bilhete.

Ad infinitum: até o infinito.
Mise en scène: afetação.
Revanche: desforra.
A posteriori: depois de.
Status: prestígio, situação.
Status quo: situação atual.

A exceção são as palavras sem equivalente ou consagradas em sua forma original: hobby, pedigree, site, software, marketing, lingerie, laptop, blitz, briefing, check out.

Frases dúbias

Atenção com frases ambíguas ou de duplo sentido, que não deixam claro quem é o autor da ação ou dão margem a diferentes interpretações. Em geral, elas são escritas com grande convicção. Basta uma leitura crítica, contudo, para verificar que não transmitem o sentido pretendido.

Exemplos:

"O ministro da Fazenda reuniu-se com o da Agricultura em seu gabinete." (Não se identifica onde foi a reunião.)

É melhor:

"O ministro da Fazenda reuniu-se em seu gabinete com o da Agricultura."

"Ele aparecerá brevemente na televisão" ("brevemente" pode ser "daqui a pouco" ou "por pouco tempo").

É melhor:

"Ele aparecerá na televisão por pouco tempo."

Ou:

"Ele aparecerá em breve na televisão."

"Não hesite em falar com seus funcionários sobre seus projetos" (seus ou deles?).

"O presidente pediu mais apoio político no Nordeste" (fica a dúvida: ele estava no Nordeste pedindo apoio político em geral, ou se dirigia aos nordestinos?).

É melhor:

"Em viagem ao Nordeste, o presidente pediu mais apoio político."

Ou:

"O presidente pediu mais apoio político aos líderes do Nordeste."

"O índice de correção monetária foi elevado" ("elevado" pode ser lido apenas como "subiu" ou dar conotação de "muito alto").

É melhor:

"O índice de correção monetária subiu."

Ou:

"O índice de correção monetária ficou acima do esperado."

"*Preso acusado de crime*" (não se sabe se o preso está sendo acusado de novo crime dentro da cadeia ou se o acusado de um crime foi preso).

É melhor:

"*É preso o acusado de crime.*"

"*Sem licitação, como manda a lei, a prefeitura contratou a empresa de lixo.*" (Não fica claro se a lei manda contratar a empresa com ou sem licitação.)

É melhor:

"*A prefeitura contratou a empresa de lixo de maneira ilegal, sem licitação.*"

"*Há três meses ela devia o condomínio*" (devia três condomínios ou aconteceu três meses atrás?).

Dispense o óbvio

Corte o que o leitor já sabe ou está implícito no texto. Evite todo e qualquer esforço adicional com acréscimos rebarbativos e obviedades.

Exemplo:

Todos os anos, como se sabe, os contribuintes precisam fazer a declaração do imposto de renda. Assim sendo, entre os meses de fevereiro e abril, os escritórios de contabilidade ficam sobrecarregados de trabalho por causa do preenchimento das declarações do imposto de renda dos seus clientes.

Basta:

Entre os meses de fevereiro e abril, os escritórios de contabilidade ficam sobrecarregados por causa do preenchimento das declarações do imposto de renda dos clientes.

Não quebre sentenças

A regra que determina o uso de frases curtas não elimina a necessidade da vírgula. Às vezes, não vale a pena quebrar a sentença.

Exemplo:

O presidente encontrou o ministro. No Palácio do Planalto, quarta-feira, em pleno feriado.

É melhor:

O presidente encontrou o ministro no Palácio do Planalto quarta-feira, em pleno feriado.

A exceção é quando a separação da frase serve para destacar uma palavra ou frase menor com o objetivo de produzir um efeito específico.

Exemplo:

O atirador estava perto, usando mira telescópica, com tempo de sobra para fixar o alvo. E errou.

Evite intercalar uma frase muito grande no meio de outra. Desta forma, o leitor provavelmente perderá a ideia principal.

Exemplo:

A ideia de que o homem veio do macaco, corrente nos livros da educação fundamental e até nos romances e roteiros de cinema, *começa a ser contestada pelos cientistas, para quem o homem vem não exatamente do macaco, mas de um ancestral diferente do macaco.*

É melhor:

Os cientistas começam a contestar a ideia de que o homem veio do macaco, corrente nos livros da educação fundamental e até nos romances e roteiros de cinema. Para eles, o homem não vem exatamente do macaco, mas de um ancestral diferente do macaco.

Em 1999, a instrução normativa 40 da Receita Federal – fruto do diálogo entre autoridades alfandegárias e museus, produtores culturais e empresas especializadas em despacho aduaneiro de bens culturais – *aperfeiçoou sensivelmente o processo de intercâmbio cultural do Brasil com o exterior.*

É melhor:

Em 1999, a instrução normativa 40 da Receita Federal aperfeiçoou o processo de intercâmbio cultural do Brasil com o exterior. A medida resultou do diálogo entre autoridades alfandegárias e museus, produtores culturais e empresas especializadas em despacho aduaneiro de bens culturais.

Outro caso:

A empresa, uma dos maiores especialistas em transformar recursos naturais em desenvolvimento sustentável, desde zerar a emissão de carbono até gerar combustível a partir de resíduos de carvão, *importa-se com o relacionamento com a comunidade da qual faz parte.*

É melhor:

A empresa é uma das maiores especialistas em transformar recursos naturais em desenvolvimento sustentável, com ações que vão desde zerar a emissão de carbono até gerar combustível a partir de resíduos de carvão. Entre as suas prioridades, está também o relacionamento com a comunidade da qual faz parte.

Aplique palavras diretas

Existem palavras que exigem um esforço maior para a compreensão do seu significado. Dê preferência àquelas que traduzem imediatamente o que querem dizer.

Exemplos:
Volume, tomo, publicação: livro.
Esférica, pelota, menina: bola.
Madeixas, cãs: cabelo, cabelos brancos.
Articular: fazer, preparar, organizar.
Contabilizar: calcular, somar.
Implementar: executar, realizar.
Viabilizar: realizar, fazer, tornar possível.
Questionar: perguntar.
Alavancar: impulsionar, sustentar, impelir.

Finalizar: terminar, acabar.
Transparência: honestidade.

Elimine as repetições

Quando escrevemos, muitas vezes deixamos no texto palavras repetidas, assim como certas estruturas de frases que tornam a leitura enjoativa.

Evitar a repetição não é apenas uma norma estética. O vocabulário enriquece a informação.

Fique atento para a duplicação de palavras que passam mais despercebidas e por isso mesmo são candidatas permanentes a aparecer mais do que devem.

No texto: a conjunção adversativa "mas"; conjunções explicativas como "portanto", "por exemplo"; partículas coordenativas, como "com efeito", "de todo modo", "de qualquer forma", "seja como for"; adjetivos; verbos *dicendi* (equivalentes)e auxiliares.

No parágrafo: o mesmo substantivo; o mesmo verbo; aumentativos, diminutivos, superlativos e gerúndios.

Na frase: A mesma preposição, sobretudo "que". Admite-se como inevitável a repetição de "a" e "de". Repetem-se muito os pronomes pessoais (eu, ele, nós), pronomes oblíquos (me, te, se, o, a, os, as, lhe, lhes, nos, vos), possessivos (seu, nosso) ou demonstrativos (este, aquilo).

A língua sempre nos oferece uma alternativa melhor à repetição.

Exemplos:

"Pedro tinha *feito muito esforço sem nenhuma recompensa.* Tinha *tudo para dar certo na vida, mas a sorte às vezes não premia o trabalho."*

É melhor:

"Pedro fizera muito esforço sem nenhuma recompensa. Tinha tudo para dar certo na vida, mas a sorte às vezes não premia o trabalho."

"Sem *dúvida, era ambicioso.* Sem *ninguém para se opor, seguiu em frente."*

Fique com:

"Sem dúvida, ele era ambicioso. Na falta de oposição, seguiu em frente."

Ou:

"Sem dúvida, ele era ambicioso. Com o caminho livre, seguiu em frente."

A repetição de palavras só é válida quando serve para dar ênfase a uma ideia.

Exemplo:

"Pelé foi melhor que Maradona. Muito melhor."

Ou:

"Viera para estar sozinho, sozinho ficaria."

Evite repetir dentro de um mesmo parágrafo frases com estrutura semelhante.

Não:

Os *estudantes sempre foram uma força política, sobretudo porque saíam às ruas e faziam barulho.* Os *grêmios estudantis, no passado, representavam movimentos ligados a partidos ou grupos partidários atuantes.* Os *políticos procuravam cooptá-los para suas fileiras.*

Sim:

Os *estudantes sempre foram uma força política, sobretudo porque saíam às ruas e faziam barulho.* No passado, *os grêmios estudantis representavam movimentos ligados a partidos ou grupos partidários atuantes.* Políticos *procuravam cooptá-los para suas fileiras.*

Pleonasmo, tautologia, redundância

Termo usado para definir um dos vícios comuns de linguagem, o pleonasmo consiste na repetição de uma ideia com palavras diferentes, mas com o mesmo sentido. O exemplo clássico é o famoso "subir para cima" ou o "descer para baixo".

Também chamada de tautologia, ou redundância, são repetições desnecessárias: elo *de ligação;* acabamento *final;* certeza *absoluta;* quantia *exata;* chamei fulano, beltrano e cicrano, *inclusive;* juntamente *com; expressamente* proibido; duas metades *iguais; sintomas* indicativos; há anos *atrás;* vereador *da cidade; outra* alternativa; detalhes *minuciosos;* a razão é *porque;* anexo *junto* ao email; *livre* escolha; superávit *positivo; todos* foram unânimes; conviver *junto*; fato *real*; encarar *de frente*; multidão *de pessoas*; amanhecer *o dia*; criação *nova*; retornar *de novo*; empréstimo *temporário*; escolha *opcional*; planejar *antecipadamente*; abertura *inaugural*; continua a *permanecer*; possivelmente *poderá ocorrer*; comparecer *em pessoa*; gritar *bem alto*; propriedade *característica*; *demasiadamente* excessivo; a seu critério *pessoal*; surpresa *inesperada.*

Contextualize o fato

O redator não deve partir do pressuposto de que o leitor entende tudo. Dê-lhe uma noção do assunto. Relembre-o do passado para facilitar a compreensão. Forneça subsídios quando uma informação depende de algum conhecimento técnico ou de uma noção que escapa ao senso comum. Identifique as pessoas com nome completo, cargo ou atributo relevante para a compreensão do texto.

Exemplo:

"O que os cientistas querem evitar é que países belicistas desenvolvam a bomba de nêutrons, modalidade da bomba atômica capaz de aniquilar seres humanos sem destruir edifícios e outros bens materiais."

Utilize somente informações pertinentes ao assunto do qual você está tratando. Um vício comum quando se quer evitar repetições é trocar palavras, frases ou mesmo informações por substitutivos que não pertencem ao contexto.

Exemplo:

"A diretoria do Flamengo não soube informar o paradeiro do jogador, formado nas categorias de base do Madureira."

A informação de que o jogador se formou no Madureira não é relevante no contexto. O fato de o jogador ter desaparecido não tem relação com o início de sua carreira. Ao contrário, essa lembrança atrapalha o entendimento. Sugere que ele tenha desaparecido por um hábito adquirido no seu primeiro clube, uma conexão longínqua e improvável.

É suficiente:

"A diretoria do Flamengo não soube informar o paradeiro do jogador."

Prefira também imagens do mesmo contexto:

"O tráfego aéreo estava intenso. Os controladores de voo tiveram de desatar aquele nó de marinheiro."

É melhor:

"O tráfego de aviões estava intenso. Os controladores de voo tiveram de desatar aquele nó aéreo."

Mudanças de discurso

Atenção para a mudança do discurso direto para o indireto e vice-versa, assim como para a alternância do tempo verbal em um mesmo período. Mais comuns no texto narrativo, em especial nos romances, normalmente as mudanças de discurso contribuem para dificultar o entendimento, quando não provocam a sensação de que o redator está confuso.

Exemplo 1:

"No dia 9 de março de 1500, Pedro Álvarez Cabral deixou *o porto de Belém, em Lisboa, rumo às Índias. Quando se aproxima da costa africana,* tem *medo das calmarias.* Desvia, *então, sua frota de treze navios para longe da África. No dia 22 de abril,* descobre *uma nova terra, que seria mais tarde chamada de Brasil."*

É melhor:

"No dia 9 de março de 1500, Pedro Álvarez Cabral deixou *o porto de Belém, em Lisboa, rumo às Índias. Quando se aproximou da costa africana,* teve *medo das calmarias.* Desviou, *então, sua frota de treze navios para longe da África. No dia 22 de abril,* descobriu *uma nova terra, que foi mais tarde chamada de Brasil."*

Exemplo 2:

"O presidente disse *que o Brasil crescerá 5% este ano porque* temos *uma grande capacidade de trabalho."*

Observe que o primeiro verbo obedece ao sujeito na terceira pessoa do singular (o presidente disse) e o segundo vai para a primeira pessoa do plural (temos). A intenção dessa mudança é colocar o leitor dentro do contexto. Contudo, para maior clareza, é melhor:

"O presidente disse que o Brasil crescerá 5% este ano porque o país tem *uma grande capacidade de trabalho."*

Ou:

O presidente disse que o Brasil crescerá 5% este ano. "Temos uma grande capacidade de trabalho", afirmou.

Evite adjetivos e advérbios

Adjetivos criam juízo de valor e com frequência são redundantes ou desnecessários. Num texto objetivo, especialmente o jornalístico ou o administrativo, a enumeração dos fatos é suficiente para um julgamento.

Exemplos:

"Ela vestiu um esmerado *conjunto de seda, convidou o senador para jantar, insinuou que gostaria de ser levada para cama e no quarto do motel assassinou-o* friamente *com três tiros à queima-roupa usando a arma do marido."*

"Todos os componentes desses robôs foram pensados escrupulosamente *para funcionar* bem *a milhares de quilômetros da Terra."*

Nos textos publicitários ou comerciais, especialmente designados para vendas, os adjetivos retomam a sua importância pelo encantamento que faz parte do objetivo da informação.

"Baseado no conceito de Vendas Flash, *um modelo* inédito *no setor hoteleiro brasileiro, Hospedare almeja tornar-se para seus parceiros uma ferramenta* tática e inteligente *de aquisição de novos clientes e aumento de taxas de ocupação.*

Assim como os adjetivos, os advérbios são qualificativos dispensáveis num texto informativo. Sem eles, o texto fica mais enxuto, preciso e objetivo:

Exemplos:
"Normalmente *chove à tarde no verão."*
"Todo cidadão certamente *tem o direito* efetivo *a escola e a saúde públicas."*

Exclamações

Exclamações amplificam uma frase, dando-lhe ênfase. Sugerem surpresa, espanto ou deslumbramento. São incompatíveis quando o texto busca o equilíbrio e a precisão. Substitua por ponto-final.

Exemplo:
Não:
"Santos Dumont era um homem notável!"
Sim:
"Santos Dumont era um homem notável."

A exceção se dá quando a exclamação serve para descrever fielmente a entonação de uma declaração, em especial nas interjeições. Exemplo:

"Alto! – disse o soldado na guarita."

Exageros

Tanto quanto as exclamações, no texto informativo desaconselha-se o emprego das hipérboles, figuras de linguagem que tendem a reforçar uma imagem por meio do exagero, pecando pela imprecisão e colocando em dúvida o bom-senso do redator. Seja específico.

Exemplo:

"Ele tinha um milhão de razões para voltar atrás."

É melhor:

"Ele achava o preço muito alto, o prazo de entrega muito longo e duvidava da qualidade do produto, entre outros aspectos do negócio."

Provincianismo e deslumbramento

Evite expressões indicativas como "Lá em Manaus" ou "aqui em São Paulo". Basta "em Manaus" ou "em São Paulo". Seu texto pode ser lido em qualquer lugar do país, incluindo Manaus e São Paulo, e tais expressões o deixam sem sentido para o leitor local.

Cuidado com comentários que denotam superioridade. Exemplo: *"A zona sul de São Paulo tem lugares parecidos com o Piauí."* (Assim como há zonas pobres em São Paulo, há zonas ricas no Piauí e vice-versa.)

O mesmo critério deve ser aplicado contra o deslumbramento.

Exemplo:

"O avião atingiu um edifício luxuoso em Manhattan, onde os apartamentos custam mais de 1 milhão de dólares." (Em Nova York, um apartamento quarto-e-sala pode custar 1 milhão de dólares pode não ser tão luxuoso. O adjetivo emite um conceito que eventualmente não tem base real ou diverge do ponto de vista do leitor. Para o redator, 1 milhão de dólares pode ser muito, mas para determinado leitor, ou no contexto do mercado em questão, não será tanto.)

Evite juízos de valor: dê preferência sempre à informação que indica o problema específico.

Exemplo:

Não:

"Na zona sul de São Paulo, aumenta o número de miseráveis."

Sim:

"Na zona sul de São Paulo, 70% da população ganha menos de um salário mínimo ou está desempregada."

Uso das declarações

Existem maneiras diferentes de apresentar declarações. A mais simples e efetiva é destacá-las entre aspas, aliadas à palavra "disse":

"Tudo passa, mas minhas palavras não passarão", disse Jesus.

"Sou inocente", disse.

Empregado muitas vezes num mesmo texto, o verbo dizer pode se tornar repetitivo. Para quebrar a monotonia, muitos redatores cedem à tentação de empregar outros verbos em seu lugar (verbos *dicendi*). Contudo, considere que a maioria deles dá certa conotação ao teor da declaração, ou até a muda por completo. Pior, eles tendem à artificialidade.

Exemplos:

"Sou inocente", esclareceu.

"Sou inocente", insistiu.

"Sou inocente", alegou.

"Sou inocente", mentiu.

"Sou inocente", comemorou.

Para resolver esse problema, um bom substitutivo para o verbo dizer é "afirmar":

"Sou inocente", afirmou.

Atente para a colocação das aspas:

Não use:

"O Brasil é um país atrasado. Precisa de educação e uma economia mais dinâmica para crescer e diminuir as desigualdades sociais", disse o cientista social.

Use:

"O Brasil é um país atrasado", disse o cientista social. "Precisa de educação e uma economia mais dinâmica para crescer e diminuir as desigualdades sociais", acrescentou.

Pode-se dispensar o verbo *dicendi* na segunda frase:

"O Brasil é um país atrasado", disse o cientista social. "Precisa de educação e uma economia mais dinâmica para crescer e diminuir as desigualdades sociais."

Mais uma fórmula aceita é:

Disse o cientista social: "O Brasil é um país atrasado. Precisa de educação e uma economia mais dinâmica para crescer e diminuir as desigualdades sociais".

Em frases mais longas, recomenda-se quebrar a declaração em duas. Exemplo:

"Declarações pedem pouco texto", disse o autor de novelas. "Coloque nelas a ideia mais forte. Deixe o resto para a narrativa. Ela se encarrega da explicação, do detalhe, de todas as informações menos coloquiais. Não faça suas declarações parecerem um discurso."

É melhor:

Declarações pedem pouco texto. Coloque nelas a ideia mais forte. Deixe o resto para a narrativa. Ela se encarrega da explicação, do detalhe, de todas as informações menos coloquiais. "Não faça suas declarações parecerem um discurso", disse o autor de novelas.

Em jornalismo não é recomendável o uso do travessão em texto corrido, exceto quando se reproduz um diálogo. Prefira utilizá-lo em ficção, ou em textos que, embora de conteúdo informativo, procurem fazer o leitor sentir-se diante de uma cena da vida real.

Exemplo:

"Duas semanas depois, o General Kaledin foi procurado por uma delegação de suas tropas:

– É capaz de prometer-nos – perguntaram os delegados – repartir as terras dos senhores cossacos entre os trabalhadores cossacos?

– Nunca! Prefiro morrer – respondeu Kaledin.

Passado um mês, o exército de Kaledin dissolvia-se, como por encanto. Desesperado, Kaledin estourou os miolos com um tiro.

O movimento cossaco terminou assim."

(John Reed, Os dez dias que abalaram o mundo).

No texto administrativo, raramente se usa a forma de diálogo, a não ser em material específico, como exemplificar em treinamentos. Isso pode ser feito empregando travessões, aspas ou ainda recursos gráficos, como balões de Histórias em Quadrinhos. Na maioria dos textos de tom comercial, é melhor o discurso indireto.

Exemplo:

Não:

Consultei vendedor do software sobre a possibilidade de usarmos a versão gratuita da plataforma.

– Ela não é mais aceita por não possuir atualização automática –, ele me informou. - Fica assim defasada em relação ao sistema.

– E a assistência técnica? Não tem boa reputação no mercado.

Ele não contestou.

– Não venho tendo problemas. Por oferecerem um sistema muito bem testado e utilizarem acesso remoto aos computadores do cliente, não precisam ter uma assistência tão reforçada.

Sim:

Consultei o vendedor do software sobre a possibilidade de usarmos a versão gratuita da plataforma e ele me informou que ela não é mais aceita por não possuir atualização automática, ficando assim defasada em relação ao sistema. Quando lhe perguntei sobre a assistência técnica, lembrando-o de que esta não tinha boa reputação no mercado, não contestou. Disse apenas que não tem tido problemas e que, provavelmente por oferecerem um sistema muito bem testado, e utilizarem acesso remoto aos computadores do cliente, não precisam ter uma assistência tão reforçada.

Pragas do texto

Expressões que pretendem enriquecer o texto passaram a frequentar a galeria dos termos a se evitar, desgastados pelo excesso de uso.

É o caso de alguns verbos, como "produzir" ("produziu" um efeito inesperado, "produziu" os melhores resultados políticos, a modelo apareceu "produzida"); "colocar", usado como sinônimo de "sugerir"; "observar", "declarar", "argumentar" ("'Sempre lutei contra a pena de morte', colocou o jurista"), deletar, em vez de "eliminar", "cortar", "destruir" ("Deletou os maus pensamentos"); e "comemorar", em lugar de "dizer", contar", "afirmar" ("'Fiz muito pelo país', comemorou o ministro").

Utilize tais verbos somente no seu sentido original: *"O setor agrícola produziu 200 mil toneladas de grãos"*; *"Sempre lutei contra a pena de morte', declarou o jurista"*; *"Comemorou seu aniversário naquele dia"*; *"Deletou o arquivo"*.

Não use "comemorar" ou "comemoração" em frases com conotação negativa: *"O centenário de morte do escritor será lembrado este ano com a reedição de algumas de suas principais obras"* (e não "será comemorado"); *"A declaração da guerra, há quase 70 anos, era uma lembrança triste para todos"* (e não "era uma comemoração triste").

Outros exemplos de palavras que caíram na vala comum e merecem ser utilizadas apenas em seu sentido literal: "descolado", "descontraído", "contexto", "personalizado", "posicionamento".

Dispense imagens militares que tendem a contaminar todo o texto, como "disparar", "fuzilar", "metralhar". Quando a frase é naturalmente forte, dispensa verbos que procuram reforçá-la. Imagens hiperbólicas podem ser substituídas por algo mais direto. Exemplo: "entrou em alta combustão" (esquentou, ferveu).

Evite ainda:

"E/ou": por ser impreciso.

"Etc." e "entre outros": por serem incompletos.

"Último": no sentido de "mais recente".

Eufemismos: "passou desta para melhor" (morreu).

Gírias e regionalismos: "guri" (menino).

Galicismos e anglicismos: palavras adaptadas de língua estrangeira que têm um similar nacional melhor. Exemplo: marquetear (no sentido de "fazer marketing"). Prefira: divulgar.

Gerúndios: a facilidade que eles têm de multiplicar-se é o motivo da sua proibição.

Exemplo:

"*Carregaram os caminhões com barris* contendo *500 litros de chope.*"

É melhor:

"*Carregaram os caminhões com 500 litros de chope em barris.*"

Palavras com mais de um sufixo ou prefixo, por serem longas, são mais difíceis de compreender.

Exemplos:

"A bidimensionalidade da questão": "Os dois lados da questão".

"A ingovernabilidade do país": "A dificuldade de governar o país".

Não escreva:

– Contrações comuns na língua falada, como "pra" ou "pro", exceto quando se quer reproduzir numa citação a linguagem coloquial.

– "A nível de". É uma expressão inventada por alguém que queria parecer culto, sem sê-lo, e espalhada por seus semelhantes. O português tem formas corretas e mais elegantes com a mesma função (indicar que vai se tratar de determinado assunto). O mais correto, porém, é simplesmente eliminá-la.

Não:

"A nível de diretoria, esse problema não chegou."

Sim:

"Esse problema não chegou à diretoria."

– "O processo de": espalhou-se como meio de descrever tudo.

Exemplo:

"O processo da leitura": "a leitura".

"O processo da alfabetização: "a alfabetização".

"O processo da vida": "A vida".

"O processo de apuração eleitoral": "a apuração eleitoral".

– A expressão "sendo que": apenas uma maneira mais complicada de dizer "e" ou de colocar ponto-final.

Não:

"A globalização muda hábitos de consumo, sendo que *barateia o preço dos produtos e democratiza o acesso a novos artigos."*

Sim:

"A globalização muda hábitos de consumo. Barateia o preço dos produtos e democratiza o acesso a eles."

Não:

"Um homem comete os seus erros, sendo que *a maior parte deles refere-se às mulheres."*

Sim:

"Um homem comete os seus erros e a maior parte deles refere-se às mulheres."

Ou:

"Um homem comete os seus erros. A maior parte deles refere-se às mulheres."

Frases feitas

Chavões e lugares-comuns devem ser evitados porque revelam falta de imaginação. A lista é grande:

Abrir/Encerrar com chave de ouro; acertar os ponteiros; a duras penas; amar é lindo; viver é uma arte; aparar as arestas; apertar o(s) cinto(s); atingir em cheio; baixar a guarda; bater em retirada; bola da vez; cair como uma bomba; cair como uma luva; cantar vitória antes do tempo; chegar a um denominador comum; chover no molhado; colocar um ponto-final; jogar uma cortina de fumaça; crivar de balas; dar com os burros n'água; dar o último adeus; deixar a desejar; de mão beijada; do Oiapoque ao Chuí; em compasso de espera; ensaiar os primeiros passos; faca de dois gumes; fazer as pazes com a vitória; fazer um cavalo de batalha; ficar à deriva; guardar a sete chaves; inserido no contexto; jogar as últimas esperanças; leque de opções; literalmente lotado; lugar ao sol; governa com mão de ferro; na ordem do dia; um negócio da China; passar a limpo; passar em branco; pôr a mão na massa; pôr as barbas de molho; pôr as cartas na mesa; preencher uma lacuna; perder o bonde da história; poder de fogo; pomo da discórdia; perder um ponto precioso; requintes de crueldade; respirar aliviado; chegar à reta final; tecer comentários; tirar o cavalo da chuva; traído(a) pela emoção; trazer à tona; chegar às vias de fato; a mil; aquecer as turbinas; trocar (atirar) farpas; a todo vapor; conquistar seu espaço; com a bola toda; correr atrás do prejuízo; deitar e rolar; preços praticados; estar na marca do pênalti; estar rindo à toa; receber sinal verde; rota de colisão; sentir firmeza; o mundo é grande; é a ponta do iceberg; quem não tem cão, caça com gato; cada caso é um caso.

Casamentos desgastados

Algumas palavras teimam em se juntar com demasiada frequência. Procure evitá-las: agradável surpresa; calor escaldante; calorosa recepção; cartada decisiva; chuvas torrenciais; corpo escultural; doce lembrança; dupla inseparável; praia/local paradisíaca(o); fortuna incalculável; sol escaldante; obra faraônica; lance duvidoso; inflação galopante; sólidos conhecimentos; silêncio sepulcral; profundo silêncio; manobra audaciosa; sonho dourado; último adeus; noite estrelada. No campo comercial, também há casamentos viciosos entre palavras como: custo-benefício; sonho de consumo; lançamento exclusivo; ação estratégica; iniciativa inédita.

Use dois-pontos

Eles são bastante úteis quando você quer introduzir uma lista de nomes ou detalhes, uma frase ilustrativa, uma declaração, ou deseja amplificar uma ideia.

Exemplos:

"A sabedoria é resultado da união de duas coisas: a razão e o coração."

"O jogador disse: 'Nunca mais pisarei neste clube'."

"A Região Sul do Brasil tem três estados: Rio Grande do Sul, Santa Catarina e Paraná."

Dois-pontos sugerem que o texto a seguir é consequência do anterior. São também mais formais que o travessão. E definitivos: uma vez colocados, não se pode retomar a frase anterior. Por isso, dão a noção de que apresentam uma frase importante e final.

Embora úteis, os dois-pontos eventualmente podem ser mal usados.

Ruim:

"Para montar o boneco você precisa: de papel, de tesoura e de cola."

Melhor:

"Para montar o boneco você precisa de três coisas: papel, tesoura e cola."

Ruim:

"Viver bem implica menos ter dinheiro do que reunir: uma boa família, amigos, um trabalho que dê satisfação e saúde."

Melhor:

"Viver bem implica menos em ter dinheiro do que em reunir uma boa família, amigos, um trabalho que dê satisfação e saúde."

Ruim:

"Aconteceram duas coisas: primeiro, ele foi visto em companhia da ex-mulher. Depois, foi flagrado com a amante no jantar."

Melhor:

"Aconteceram duas coisas: primeiro, ele foi visto em companhia da ex-mulher; depois, foi flagrado com a amante no jantar."

Ou:

"Aconteceram duas coisas. Primeiro, ele foi visto em companhia da ex-mulher. Depois, foi flagrado com a amante no jantar."

Economize o travessão

O travessão tem uma função semelhante à dos parênteses. Ele separa dois pedaços de uma frase, ou uma frase inteira, dando-lhes destaque, ou complementando uma ideia. Funciona, sobretudo, como os apostos – frases introduzidas no meio de outra, funcionalmente independentes, como esta aqui –, com a vantagem de permitir a continuação do raciocínio, o que não ocorre com os dois-pontos. Um travessão serve ainda para separar uma ideia ou comentário final numa frase que do contrário pode ficar muito longa – como esta outra aqui, por exemplo. Ele é ainda mais efetivo quando a intenção é produzir um final abrupto ou surpreendente para a frase.

Exemplo:

"O delegado afinal apareceu – morto."

Use travessões, mas seja econômico. O excesso torna a leitura entrecortada e, portanto, mais difícil.

Erros de concordância

Embora seja aparentemente a regra mais simples da gramática, a concordância nos reserva pequenas armadilhas. Lembre-se de que palavras que se interpõem entre o sujeito e o verbo não afetam a sua flexão. E de que sujeitos indefinidos e nomes próprios, mesmo no plural, pedem verbo no singular.

Exemplo:

Não:

"A felicidade *das conquistas não* podem *diminuir a vontade de ir além."*

Sim:

"A felicidade *das conquistas não* pode *diminuir a vontade de ir além."*

Observe um caso em que o verbo pode estar no singular ou no plural, dependendo do sentido da frase:

"A felicidade das conquistas, os aumentos de salário, os prêmios, as promoções não podem *diminuir a vontade de ir além."*

Ou:

"A felicidade das conquistas, dos aumentos, dos prêmios, das promoções, não pode *diminuir a vontade de ir além."*

É ainda melhor:

"A felicidade das conquistas – os aumentos, os prêmios, as promoções – não pode diminuir a vontade de ir além."

Outro exemplo:
Não:
"Nenhum de nós somos *perfeitos."*
Sim:
"Nenhum de nós é *perfeito."*

Cuidado com a construção de imagens. O verbo tem de acompanhar o sujeito real que se procura descrever, não o significado literal da palavra.

Exemplo:

"A máfia dos sanguessugas" (os deputados corruptos), e não *"A máfia das sanguessugas"* (os vermes).

"Os grandes feras do esporte" (os melhores atletas, os craques), e não *"as grandes feras do esporte" (os animais).*

Seja positivo

Coloque a informação na sua forma positiva. Isso evita que o texto se torne evasivo e deixa a sentença sempre mais forte.

Exemplos:
"Ela não chegava na hora."
É melhor:
"Ela chegava atrasada."

"Ele não pensava que estudar gramática tinha algum valor."

É melhor:

"Ele achava que estudar gramática era uma perda de tempo."

Casos comuns:
Não foi honesto = foi desonesto.
Não lembrou = esqueceu.
Não prestou atenção em = ignorou.
Não teve confiança em = duvidou.
Não rejeitar = aceitar.
Não discordar = concordar.
Não impedir = permitir.
Não deixe de visitar = visite.

Vá ao detalhe

Dispense meias palavras, expressões vagas, frases sem cor ou hesitantes. Ser direto e preciso dá vigor às frases e ao conjunto. O detalhe é uma peça importante da informação. Ele é que dá brilho, realismo e credibilidade ao texto.

"Os romances do autor não têm a mesma qualidade do seu início de carreira."

É melhor:

"Os romances do autor perderam os personagens fortes, a trama benfeita e a linguagem apurada do seu início de carreira."

"O tempo não ajudou."

É melhor:

"Choveu e fez frio."

"Eles lhe deram uma boa recompensa pelo trabalho."

É melhor:

"Eles lhe deram pelo trabalho um 14º salário de bônus e uma viagem a Cancun."

"Os membros do clube terão inúmeros benefícios ao se registrarem."

É melhor:

"Ao se registrarem, os membros do clube terão atendimento prioritário, desconto sobre as tarifas de hospedagem e uma garrafa de vinho como cortesia."

Ao expor um argumento, é comum o redator apegar-se à teoria pura e à abstração. Mesmo quando se lida com princípios gerais, eles devem basear-se em sua aplicação particular. Argumentos devem ser baseados em coisas concretas. Eles se tornam mais fortes não por meio de palavras de efeito, mas pelo realismo.

Exemplos:

"Na sociedade colonial admitia-se o castigo bárbaro dos escravos em ritos sumários, segundo a vontade de indivíduos com o direito de decidir sua pena."

É melhor:

"Na sociedade colonial, o senhor de engenho tinha o direito de decidir a pena dos seus escravos, que podia ser a pal-

matória, o tronco, os grilhões e até a morte, conforme julgasse a gravidade do crime."

"Num país em que se aceita a corrupção no governo, os cidadãos se julgarão também no direito de fazer o que quiserem."

É melhor:

"Num país em que se aceita o governo cobrar propina, desviar dinheiro para contas pessoais e manter os criminosos a salvo da lei, os cidadãos se julgarão também no direito de chantagear, roubar e sair ilesos."

Não confunda palavras

Atenção com palavras semelhantes na escrita (homógrafas) ou na fala (homófonas), mas de sentido diferente. Alguns exemplos mais comuns: Exprimido (do verbo exprimir, no sentido de expressar), e espremido (espremer, apertar); alternado (que se alterna) e alternativo (opcional, anticonvencional); aludir (referir-se) e iludir (enganar). Da mesma forma, se confunde alusão (referência) com ilusão (impressão imaginária) ou iminente (prestes a acontecer) com eminente (ilustre).

Observe também o uso mais adequado de palavras diferentes, porém com significado próximo. Exemplos: inconsistente (sem consistência ou fundamento) e incoerente (sem coerência, contraditório); atraente (bonito) e atrativo (interessante); pensar (genericamente) e cogitar (um sinônimo, mas com o sentido de escolher entre possibilidades); diferente (adjetivo, com sentido de não igual) e diferenciado (do verbo diferenciar, mostrar a diferença); enojado (quem tem nojo) e nojento (o que causa nojo), envergonhado (quem tem vergonha) e vergonhoso (o que causa vergonha).

Não:

"A ideia de que o Brasil pode acabar com a pobreza sem crescimento econômico é inconsistente."

Sim:

"O sociólogo disse que a ideia de que o Brasil pode acabar com a pobreza sem crescimento econômico é incoerente."

Não:

"Segundo o economista, a afirmação de que o Brasil vem crescendo mais do que outros países em desenvolvimento é incoerente."

Sim:

"Segundo o economista, a afirmação de que o Brasil vem crescendo mais do que outros países em desenvolvimento é inconsistente."

Cogitar x pensar

Não:

"Atrevido", cogitou. "Vai me pagar."

Sim:

"Atrevido", pensou. "Vai me pagar."

Sim:

Pensou se escolheria o tafetá ou outro vestido mais leve.

É melhor:

Cogitou se escolheria o tafetá ou outro vestido mais leve.

Conclusão: na dúvida, prefira sempre "pensou".

Aproxime palavras correlatas

Manter juntas na frase as palavras que possuem relação próxima facilita e muitas vezes reforça o entendimento. Sua dispersão provoca o efeito contrário.

Exemplo 1:

"O cashmere é um dos tecidos de inverno mais caros."

Exemplo 2:

"O cashmere é um dos mais caros tecidos de inverno."

Ambas as frases dizem a mesma coisa, porém a aproximação de "mais caros" de "tecidos" reforça mais a ideia de que eles são caros.

Embora a colocação das palavras seja flexível, a escolha pode confundir a informação.

"Os códigos que contenham algarismos sem números gerados durante o treinamento serão invalidados." (A confusão acontece com os números: se pertencem aos algarismos ou ao treinamento.)

É melhor aproximar as palavras relevantes:

"Serão invalidados os códigos gerados durante o treinamento que contenham algarismos sem números".

A ordem dada às palavras pode mudar completamente sua ênfase e até mesmo a informação principal da frase.

Exemplo 1:

"Pode-se comprar uma blusa de cashmere em qualquer loja de Saville Row por menos de 50 libras."

Exemplo 2:

"Por menos de 50 libras, pode-se comprar em qualquer loja de Saville Row uma blusa de cashmere."

A primeira frase dá ênfase ao fato de se encontrar a peça de roupa em Saville Row. A segunda dá ênfase ao preço, indicando aonde se pode encontrar barato uma roupa que se subentende ser normalmente cara.

Frases que interrompem o fluxo da ideia principal fazem todo o período perder impacto. É melhor colocá-las no final, ou colocar um ponto-final e abrir outro período.

Exemplo:

"Pode-se comprar por menos de 50 libras uma blusa de cashmere, lã mais fina do carneiro, em qualquer loja de Saville Row."

É melhor:

"Em Saville Row, pode-se comprar por menos de 50 libras uma blusa de cashmere, lã mais fina do carneiro."

A exceção: apostos e frases que interrompem a ideia principal podem ser úteis quando têm um propósito específico, como o de criar suspense:

Exemplo:

"Em Saville Row pode-se comprar por menos de 50 libras, pasmem, uma blusa de cashmere – a lã mais fina do carneiro."

Em textos sintéticos, use verbos no presente

Para o resumo ou síntese de uma ideia, é sempre preferível usar o verbo no presente, que dá ao texto breve mais impacto e força à ação.

Essa recomendação é especialmente útil na confecção de subtítulos, legendas, foto-legendas e outros tipos de texto em que a síntese é essencial.

Exemplo:

"Focas, leões e lobos-marinhos foram vítimas da mais feroz perseguição já empreendida no planeta por caçado-

res comerciais. Encontrados em todos os oceanos do mundo, não tiveram trégua, em especial no século passado, quando morreu mais de meio milhão de leões-marinhos só na costa da Argentina. Das focas elefante na costa do México, restaram apenas 100 exemplares. Protegida em reservas, a população desses mamíferos agora está voltando a aumentar."

Sumário:

Aumenta a população de focas, leões e lobos-marinhos em reservas que os protegem das atrocidades cometidas no passado.

Verbos no presente podem indicar também o futuro de maneira mais próxima, direta, expressiva ou enfática.

Exemplos: *"Amanhã entrego os relatórios"* (em vez de "Amanhã entregarei os relatórios"); *"Sigo para lá no mês que vem".*

Isso também ocorre quando se utiliza o presente para substituir, em alguns casos, o futuro do subjuntivo: *"Se você me paga, eu trago a mercadoria"* (em vez de *"Se você me pagar, eu trarei a mercadoria"*).

O presente também pode ser utilizado para indicar ordem, imposição, necessidade premente. É usado no lugar do imperativo, geralmente em forma de pergunta, quando a intenção é amenizar o tom autoritário: *"Você me traz os comprovantes amanhã?"* (em vez de *"Traga-me o comprovante amanhã"*); *"Você me mostra os documentos agora?"* Esta opção é útil na hierarquia das empresas, em que o superior solicita ações de sua equipe, primando pela comunicação eficiente, porém cordial. Sem incrementar demais a linguagem, evita com isso parecer pernóstico ou impositivo.

Ênfase

A posição da palavra na frase altera a sua ênfase. Em geral, a última palavra de uma sentença é a mais forte. Aproveite esse recurso para enfatizar a ideia mais importante.

Exemplo:

A Humanidade precisa de esperança mais do que nunca. (Ênfase em "nunca".)

A Humanidade precisa mais do que nunca de esperança. (Ênfase em "esperança".)

Mais do que nunca, a Humanidade precisa de esperança. (Ênfase distribuída na frase.)

Da mesma forma, a posição das frases em um período pode dar o destaque a uma ou outra das ideias nele contidas.

Exemplo 1:

"Hoje, a inflação está baixa, os juros caem, a economia cresce e diminuem as incertezas. Nesse ambiente favorável, a

maior dificuldade da economia é o estágio ainda inicial do mercado de capitais. Ele é um dos principais meios de financiamento para as empresas nos países mais desenvolvidos."

Exemplo 2:

"Hoje, a maior dificuldade da economia é o estágio ainda inicial do mercado de capitais. Num ambiente de inflação baixa, juros em queda, economia em crescimento e diminuição de incertezas, falta um dos principais meios dos países mais desenvolvidos para o financiamento para as empresas."

Note que, no primeiro caso, o cenário parece bastante favorável e o mercado de capitais é apenas um detalhe que falta para completar o quadro. No segundo exemplo, o foco é no problema, para o qual o texto chama muito mais atenção.

Descrição

A descrição é tanto melhor quanto mais precisos e objetivos forem os detalhes. Trata-se de um elemento importante quando traz a público o que ninguém mais viu, ajuda a formar o retrato de uma pessoa ou a avaliar uma situação.

Exemplo:

"Seus olhos sensíveis percorreram os rostos presentes com expressão grave, procuraram o carrasco sombrio e depois baixaram para suas próprias mãos algemadas. Ele olhou para

seus dedos, manchados de tinta, pois tinha passado seus últimos três dias no Corredor da Morte pintando autorretratos e retratos de crianças, geralmente filhos de prisioneiros, que lhe forneciam fotografias da prole que nunca viam."

Truman Capote, no livro-reportagem A sangue-frio

O poder da imagem

Imagens falam muito. Podem trazer conotação nova, forte, ou modificar o sentido de algo conhecido:

"Após as negociações, o presidente reuniu-se com seus assessores em uma sala reservada no trapézio negro da Fiesp."

Com "trapézio negro", uma sugestiva descrição arquitetônica do edifício, a sede da entidade ganha conotação de ambiente sinistro onde se trama algo arriscado ou perigoso.

Uma descrição longa que envolve elementos não mensuráveis pode ser abreviada por uma única imagem que diz tudo:

Exemplo:

"Um grande número de folhas secas espalhava-se no chão."

É melhor:

"As folhas secas cobriam o chão."

Imagens também ajudam a dar uma ideia melhor do que se quer dizer, aproximando a mensagem de algo já conhecido pelo leitor. Alguns exemplos que você já leu neste mesmo livro:

"Num bom texto, a leitura flui de um parágrafo a outro como se desliza em um tobogã."

"Assim como se escovam os dentes da mesma forma todos os dias, *um redator que escreve regularmente passa a fazer seus parágrafos mais ou menos do mesmo tamanho."*

"Sintetizar ideias é como ginástica, *melhora com a prática."*

Rimas

Alguém de sabedoria diria: rima ficaria melhor na poesia.

Em outras palavras, evite rimas a qualquer custo no texto informativo.

Nomes e cargos

Em textos formais ou informativos, um personagem deve ser identificado com seu nome completo na primeira vez em que aparecer no texto. Eventualmente, personagens podem ser identificados por seu apelido, quando este for notório. Ainda assim, a regra é a mesma: devem ser identificados pelo nome completo em sua primeira aparição. Exemplo: "o goleiro russo Lev Iashin, o Aranha Negra"; "o traficante Marcio Amaro de Oliveira, o Marcinho VP".

Não parta do princípio de que o leitor conhece todo mundo. Identifique o personagem pelo cargo, qualificativo ou a razão pela qual seu nome é relevante no texto.

Exemplos:

"O papa Leão XIII ficou conhecido pela Encíclica Rerum Novarum."

"João de Deus, desempregado há dois anos, *é um dos moradores de cortiço beneficiados pelo programa de casa própria da prefeitura."*

"Em reunião com o Sr. Fernando Simões, supervisor técnico da CP Informática, *estabelecemos que todos os computadores da empresa passarão por atualização semanal."*

Evite qualificativos desnecessários pela obviedade, laudatórios ou fora do contexto. Se for necessário um qualificativo, é melhor que seja específico, de maneira a se tornar menos subjetivo e questionável.

Exemplo:

Não:

"Considerado um dos maiores jogadores de todos os tempos, ele investe agora na carreira de técnico."

Sim:

"Bicampeão mundial como jogador de futebol e três vezes campeão brasileiro, ele investe agora na carreira de técnico."

Escolha o qualificativo adequado ao contexto.

Exemplo:
"Autor de mais de 1200 gols em sua carreira, *Pelé criticou o futebol defensivo das equipes no campeonato brasileiro.*"
"Considerado o atleta do século XX, *Pelé deu início a uma campanha de difusão da prática esportiva em bairros de periferia.*"
"Contestado em sua gestão como ministro dos esportes, *Pelé desistiu de seguir na carreira política.*"

Depois de escrever, corte

William Shakespeare, um inventor de neologismos, muitos ainda de uso corrente nos dias de hoje, e dono de um texto dos mais complexos, também escreveu a frase mais densa da história da literatura com apenas seis palavras: "to be or not to be" (em português, são quatro: "ser ou não ser").

Menos pode ser mais. Quando lemos nosso próprio texto, resistimos a aceitar a evidência de que a maior parte daquilo pode perfeitamente ser jogada fora. Mesmo em literatura, o excesso pode ser contraindicado. Ernest Hemingway dizia que o ofício de escrever era "cortar e cortar". Para ele, a literatura devia se resumir à ação, isto é, a contar a história como uma sequência de fatos. Cabia ao leitor tirar suas próprias impressões.

Ser prolixo não aumenta o número de ideias e informações. Também não significa que o texto é mais denso ou tem mais conteúdo. Ao contrário, apenas enfastia o leitor e pode imprimir na mensagem um tom de superioridade vazia. O texto informativo, especialmente, é sempre melhor quando não tem nada supérfluo. Torna-se mais direto, claro, dinâmico e mais próximo de quem o lê. Não precisa de rebuscamento para se impor.

O texto abaixo foi extraído de uma comunicação gerencial dirigida a um funcionário de contagem de estoque:

"Considerando o fechamento do mês de junho para fins gerenciais, a partir deste mês faremos os apontamentos no sistema no dia 01 de julho, e já faremos o fechamento do inventário para fins de custo, ou seja, o processo de pesquisa das principais inconsistências será efetuado a posteriori e eventuais ajustes, procedidos contabilmente no mês subsequente."

Com vergonha de confessar que não consegue entender a informação de seu superior, o funcionário concorda, e as instruções de que dependem as ações da equipe inteira não serão seguidas, causando ineficiência e insatisfação. Para resolver a situação, o gerente poderia ater-se à instrução de maneira mais concisa, evitando inclusive o excesso de informações irrelevantes para o contador de estoque.

"A partir deste mês, lançaremos os itens da contagem de estoque no sistema no dia primeiro, fechando o inventário

para fins de custo. As principais inconsistências serão pesquisadas depois do fechamento, e os eventuais ajustes constarão do relatório do mês seguinte."

Tudo o que pode ser cortado deve ser cortado. Comece pelo exame do corte de parágrafos. Depois você verá que pode cortar frases inteiras. Por último, dentro de cada frase, descarte as palavras em excesso. Por mais que isso lhe custe, encarne seu próprio carrasco.

Cortar, no entanto, deve ser um trabalho discriminado. Concentre-se no corte das palavras dispensáveis, cuja falta não deixa incompleta a informação nem causa danos estruturais ao texto. Depois de todo o esforço para dar encadeamento ao texto, não corte uma ideia que leva a outra, em prejuízo do entendimento e do fluxo da leitura. Em ambos os casos, em vez de concisão, obtém-se incompreensão.

Não ceda às tentações fáceis, como o corte do nome por extenso de empresas ou entidades que podem ser representadas por siglas (exemplo: Federação Internacional de Automobilismo, a FIA). Ninguém tem obrigação de saber o que a sigla significa. Não jogue fora, igualmente, as figuras retóricas ou imagens ilustrativas. Elas podem ser tão ou mais importantes para o entendimento quanto a notícia em si mesma.

Faça a checagem

A correção é um dos pilares fundamentais da credibilidade de quem escreve. Basta um erro para que o leitor desconfie de tudo o que você escreveu e destrua o esforço que o levou a cometer 99,9% de acertos.

É sempre melhor não confiar o trabalho de checar e cruzar informação a outros, mesmo em publicações jornalísticas que possuem gente dedicada a essa função. A responsabilidade pelas informações é do repórter. Ele é quem apura as informações, assina embaixo da reportagem e é desmoralizado no caso de um erro. Da mesma maneira, a responsabilidade por um relatório é de quem o apresenta. Verifique sempre o trabalho de checadores ou colaboradores que preparam o material pelo qual você será responsável.

Evite o texto exagerado ou tendencioso, que esconde ou parece esconder alguma intenção secreta. Se o erro mina a confiança do leitor na qualidade da informação, o exagero coloca em dúvida o discernimento do autor, e o texto tendencioso, sua lisura.

Não mencione indicativos de que você detém informações sigilosas sem necessidade, como forma de demonstrar mais conhecimento da situação, pois o resultado será o questionamento de sua capacidade de discrição. Exemplo:

"*As resoluções da diretoria, cujo teor será divulgado na reunião operacional, não deverão agradar a todos*".

Adote a prática de fazer uma leitura do texto ao seu final exclusivamente em busca de erros de informação e de avaliações desproporcionais, forçadas ou inexatas. Faça-o com os olhos não de redator, mas de leitor: é a melhor maneira de não passar por cima do problema novamente sem detectá-lo.

Lembre-se de como pode ser divertido quebrar regras

A função do redator é chamar a atenção para a informação e, às vezes, a quebra da regra pode obter esse efeito. No entanto, as regras não devem ser quebradas por desconhecimento, e sim pontualmente, com um propósito.

Leia

Quem lê bastante se acostuma com o bom texto, da mesma forma que se aprende música ouvindo. Mesmo sem saber de cor todas as regras da gramática, o leitor frequente sabe escolher entre o certo e o errado como que por intuição. O melhor romancista nacional, para quem deseja acostumar-se ao português perfeito, eleito por unanimidade, é Machado de

Assis. Acostume-se a ler também reportagens e biografias em forma de livro, um trabalho jornalístico no qual o texto recebe maior atenção. Livros especializados também são de grande valor, pois, embora sua contribuição seja mais substancial no conteúdo do que na forma, eles na maioria das vezes também oferecem um bom preparo para a argumentação e a originalidade.

Concentre-se

Escrever exige uma grande capacidade de concentração. Para quem não a tem, é um exercício valioso. Muitas vezes escrevemos em ambientes barulhentos, cheios de gente, ou nos quais surgem tarefas que dividem constantemente nossa atenção. Para escrever de forma fluida e produtiva, não se distrair é fundamental.

É difícil entrar no estado de concentração total. Quando entramos nele, o trabalho rende mais. Aproveite. Com o hábito de escrever, entra-se mais rapidamente nesse nirvana da escrita. Mesmo quando abandonamos o texto, é comum que ele fique presente em nossa mente. O cérebro trabalha em silêncio para que, no dia seguinte, nos sentemos novamente para escrever. Por causa desse fluxo contínuo, normalmente as pessoas que escrevem estabelecem para si uma forma de guardar ideias que surgem em momentos aleatórios: no computador, no celular, em blocos ou cadernos sempre à mão.

Quem precisa fazer um texto longo, entendido por longo aquele que não se termina em um dia, ou mesmo em uma semana, deve estabelecer uma rotina. Ter uma hora certa para escrever não apenas garante a produção como, por hábito, auxilia a vencer a inércia inicial que nos faz adiar o momento de começar.

É essa preguiça que faz muitos escritores começarem o trabalho muito cedo: levantam-se e vão escrever. Evitam, dessa forma, que outros problemas entrem na frente e deixem em segundo plano seu trabalho.

Relaxe

Com frequência, escrevemos sob algum tipo de pressão. Ela vem de diversos fatores: o tempo, os interesses em jogo, a vontade de mostrar competência, a cobrança da chefia, a necessidade de resultados. As circunstâncias muitas vezes geram bloqueios, apagando da mente o que queremos escrever e todas as regras já expostas.

Não se sinta o único: desde Homero, todas as pessoas que escrevem passam em algum momento por isso. Nessas situações, recomenda-se o conselho do Rei de Copas ao Coelho Branco, o afobado personagem de *Alice no País das Maravilhas*, do escritor britânico Lewis Carroll:

"O Coelho Branco colocou os óculos e perguntou:

– Com licença de Vossa Majestade, devo começar por onde?

– Comece pelo começo – disse o Rei, com ar muito grave – e vá até o fim. Então, pare."

SEGUNDA PARTE

Estilo e desenvolvimento pessoal

A expressão é um reflexo do que somos – e ambos se pode melhorar

Às vezes, além de escrever bem, no sentido de fazê-lo corretamente, desejamos imprimir ao texto um toque mais pessoal, com o qual nos identificamos. A essa personalidade chamamos de estilo.

Estilo é forma – uma maneira de apresentar o conteúdo, que expressa algo de nós mesmos. Reflete o que somos. E pode estar muito presente na escrita.

Mesmo a escrita empresarial – aquela que tem objetivos claros de desencadear uma ação, estabelecer normas, incentivar equipes ou encantar clientes – ganha mais fluidez e aceitação quando dotada de estilo, especialmente quando este implica uma forma de atuação ou de liderança.

No capítulo anterior, vimos que se deve evitar o jargão no texto escrito. Uma pessoa que utiliza o jargão em excesso no dia a dia, principalmente para interlocutores não familiarizados com os termos, soará pedante. Assim como aquela que emprega chavões regularmente será encarada como uma pessoa sem ideias próprias, afeita a lugares-comuns, ou sem imaginação.

O exercício de escrever bem, ao eliminar esses vícios, nos ajuda também na vida pessoal, no trato com as outras pessoas, especialmente no trabalho. Assim como a maneira mais objetiva e direta de encarar, avaliar, organizar e se expressar sobre problemas na escrita nos ajuda nas outras esferas da vida, a elegância na escrita nos auxilia também na expressão e apresentação pessoal.

A isso podemos dar um toque daquilo que temos de melhor, daquilo que nos faz ser indivíduos únicos; toda pessoa tem sua graça, suas particularidades, que podem ser desenvolvidas e aplicadas também na escrita.

Porém, como identificar o estilo pessoal no que escrevemos e desenvolvê-lo?

O estilo não pode subverter as chamadas normas estilísticas, regras gerais que ajudam a tornar um texto mais claro, interessante e eficiente. Num texto informal, podemos até criar palavras ou frases anticonvencionais para obter algum efeito estilístico, mas o estilo em geral não precisa, e normalmente nem deve, ser exagerado, deformado ou forçado. O jeito de ser do autor acaba sendo transmitido pelo texto ao leitor de forma sutil, ou natural.

O exercício da escrita leva à definição e ao aperfeiçoamento do estilo de maneira progressiva. Em geral, ele se encontra desenvolvido quando aproximamos a maneira como escrevemos da forma com que falamos. A fala já manifesta de modo instintivo quem somos. Não pensamos para falar, isto é, não nos programamos; a fala apenas expressa o nosso pensamento, de maneira espontânea, mais fluida. Quando "pensamos escrevendo", o mesmo jeito de ser se manifesta também no texto. A capacidade de expressar as ideias de forma correta e ordenada não nos distancia necessariamente da linguagem informal: ao contrário, ela nos oferece instrumentos suficientes para adequar o tipo de comunicação conforme a circunstância.

As expressões e a ordenação das ideias são elementos do estilo que se pode transmitir da fala ao texto, porque refletem a maneira como raciocinamos, sentimos e nos comunicamos. Uma boa forma de exercitar o estilo é falar em voz alta ao escrever, para transmiti-lo ao papel, como quem passa o som para uma pauta musical – não apenas nas palavras, mas também na cadência.

Com o tempo, a maneira como escrevemos pode também exercer influência no modo como falamos; a entonação, indicativa da pontuação, pode se tornar mais marcada; elementos como a ênfase podem se acentuar; passamos a expor questões de forma mais lógica, demonstrativa e organizada. O exercício das normas estilísticas na escrita, assim, também pode ajudar a pensar e falar de maneira mais simples, direta, eficaz e particular.

A necessidade de escrever e o autoconhecimento

Pessoas que sentem necessidade de escrever de forma rebuscada frequentemente são movidas por vaidade; acham que essa é uma boa maneira de impor ideias ou demonstrar cultura e inteligência. Outras nem sabem a razão pela qual escrevem.

Para que a escrita se torne uma forma real de expressão, é preciso admitir que escrevemos não para mostrar quanto somos cultos ou inteligentes, mas para atingir objetivos, nos comunicar com clareza ou, no terreno pessoal, explorar, entender, afirmar e viver melhor com os nossos sentimentos. A resistência em admitir nossa ignorância e evitar nossas fraquezas em geral é o que bloqueia a escrita criativa. Quando vencemos o convencimento ou o medo, liberamos a capacidade criativa que todo ser humano tem.

Escrever é uma boa maneira de analisar melhor nossas ideias, propósitos e sentimentos. O exercício da escrita é uma excelente forma de autoconhecimento. Somos movidos a escrever por muitas razões, umas objetivas, outras mais subjetivas. Escrever ajuda também a trazer à tona nosso subconsciente.

Por meio da prática da escrita, podemos refletir, organizar ideias e transmiti-las com mais clareza, o que é essencial no trabalho e na vida pessoal. Porém, o processo de escrever é também uma forma de exploração, de compreensão das nossas formas de pensar e sentir, que muitas vezes nos escapam justamente porque não conseguimos exprimi-las com palavras.

Além de auxiliar no raciocínio, escrever pode funcionar como um processo mental que leva à investigação dos sentimentos. Com o meio eletrônico, a palavra escrita ganhou uma difusão, uma força e uma importância como jamais teve na história da Humanidade. Hoje, muita gente se dedica ao blog, que difere de um diário pela possibilidade de ser aberto ao público e, mais, possui conexões virtuais com capacidade para atrair leitores. Dessa forma, cada indivíduo ganhou seu próprio meio de comunicação, que permite a troca de experiências e reflexões íntimas de forma interativa. Com isso, o blog se converteu numa nova forma de manifestação escrita.

Escrever faz bem à alma. Ninguém precisa ser profissional para escrever, e bem. Assim como adolescentes escrevem diários, o hábito de escrever deveria ser uma prática adotada pela vida inteira, como um foro privado de reflexão e expressão ao alcance de todos.

Outra forma de expressão que ganhou força na internet é a poesia. De todas as formas de expressão literária, é a mais intimista e próxima dos sentimentos, justamente por usar menos palavras e quebrar a sintaxe da língua falada e da narrativa. Por ser a linguagem que mais nos aproxima de nossos sentimentos, a poesia abre novos caminhos para lidar com as nossas emoções, de maneira mais breve, direta, concentrada e, muitas vezes, profunda que o romance.

Por esse motivo, é considerada a mais elevada das artes literárias.

"Inspiração": os elementos da criação

Muita gente minimiza o desgaste físico da tarefa de escrever, com a ideia de que se trata de um trabalho exclusivamente mental. Porém, escrever implica grande dose de esforço físico. Trata-se de uma batalha invisível, que nos faz transpirar, nos mantém em um estado de ansiedade e produz desgaste: cansaço mental, dores nas costas, compulsão por comida para alguns e, eventualmente, melancolia e depressão para outros.

Escrever um texto pessoal não foge à regra de qualquer redação. Quando o primeiro parágrafo é estimulante e tem as ideias que levam ao seu desenvolvimento de forma natural, o trabalho flui com facilidade. As palavras surgem com rapidez. Uma frase leva a outra, um parágrafo, ao seguinte, produzindo um efeito final. Se o que escrevemos nos impulsiona adiante, seja para fins comerciais, informativos ou literários, o mesmo acontecerá com o leitor. Ao contrário, quando a redação se torna penosa, é mau sinal. Um texto que sai à força será torturante também para quem o lê.

O interesse pelo que está à volta, a curiosidade, o questionamento e a capacidade de observação enriquecem uma pessoa e, por conseguinte, o seu texto. Quem tem mais bagagem, seja na forma de conhecimento ou de experiência de vida, também tem mais recursos para tornar um texto mais interessante, assim como em uma conversa. Com a vantagem de que, na escrita, dispomos de um pouco mais de tempo para reflexão, pesquisa e conferência de dados.

Com os anos, a prática e o conteúdo, a cabeça acaba funcionando tão bem e naturalmente quando estamos escrevendo como quando conversamos no dia a dia. Escrever se torna mais fácil e fluido, um movimento necessário que com o tempo realizamos mecanicamente, quase sem perceber. Os principais elementos para escrever são o preparo, a prática e o tempo.

Lembremo-nos do desenvolvimento da linguagem falada, que surge na infância com a função de organizar o pensamento e também é aprendida, até que se torna um meio e não um fim: a criança finalmente começa a falar sem buscar com esforço cada palavra para uma situação. Alguns idosos, quando começam a sentir que estão perdendo a capacidade de organização das ideias, resgatam esse recurso da fala para ajudar a mente: "*agora vou abrir a gaveta e pegar os talheres*".

Muita gente acredita que para escrever é necessária "inspiração", entendida como um dom natural, dado apenas a algumas pessoas, ou como um momento especialmente favorável para a criação. É célebre a imagem da "musa inspiradora", uma Vênus de cabelos dourados tocando uma harpa que faz funcionar a caneta ou o teclado daqueles que têm o privilégio de escutar a sua voz.

Existe gente com talento para escrever, mas ninguém depende da inspiração para colocar ideias, pensamentos e emoções no papel. A inspiração nada mais é que a capacidade de concentração no ato de escrever e a abertura para pensar livremente e utilizar os recursos de que dispomos para tratar de determinado assunto: informação, ideias, um ponto de vista, impressões pessoais, sentimentos ou elementos ao nosso redor que nos induzem a criar.

Para escrever bem é preciso estar aberto às emoções. Quanto menos fechados estamos para externar nossos verdadeiros sentimentos e explorá-los, mais material de trabalho temos. E é esse trabalho de descobrir e recolher sentimentos que torna a redação capaz de produzir autoconhecimento.

Ser honesto é tão importante quanto ser conciso, enfatizar as ideias importantes, economizar palavras inúteis e evitar exageros – os atributos balizadores de qualquer texto. Nenhuma técnica adianta se você não for fiel a si mesmo – isto é, se, na escrita, fugir das suas verdadeiras ideias e sentimentos, bem como da maneira como raciocina e fala. Falar a verdade, o que realmente pensamos e sentimos, é a melhor maneira de nos expressarmos e também de evitar o risco de, no papel, nos perdermos tentando parecer aquilo que não somos.

Há pessoas que escrevem sem imprimir no texto os seus sentimentos, por técnica ou por escolha; ou que conseguem expor suas ideias sem tornar pública sua personalidade. Se as ideias ou as teorias são o produto principal do texto, elas devem estar extremamente embasadas e o autor, ter conhecimento amplo de sua extensão, passando-as para o texto de maneira completa e sem subterfúgios.

A honestidade é uma arma poderosa contra o bloqueio criativo. Em geral, o "branco" desaparece quando resolvermos eliminar o autoengano e encarar o assunto do qual tratamos de forma realista. Nesse sentido, escrever é de fato uma terapia, por nos forçar muitas vezes a encarar aquilo que tememos ou procuramos evitar.

O texto pessoal: diário, blog, autobiografia e memórias

Muita gente acredita que é preciso ser velho para escrever memórias ou estar morto para merecer uma biografia. Perde-se assim o benefício que esse tipo de exercício traz para a vida.

Não se deve confundir memórias e biografia. Biografia é aquilo que devemos deixar que outros escrevam sobre nós, ou que nós escrevemos sobre os outros. Pretende ser extensa, fiel aos fatos, completa até onde possível. No caso da autobiografia, ou seja, a biografia escrita pelo próprio biografado, supõe-se que seu ponto de vista prevalece, tanto nos fatos sobre os quais somente ele mesmo pode lançar luz, quanto naqueles em que ele oferece uma perspectiva pessoal, parcial ou que pode não ser necessariamente compartilhada por outras pessoas. Porém, supõe-se também que, dentro de sua capacidade, o autor escreve algo completo e definitivo sobre si mesmo.

Memórias são um depoimento, sem compromisso em exaurir ou completar um tema. Podem ser uma seleção de episódios ou etapas da vida e permitem uma exposição mais livre de pontos de vista, porque assumidamente são produzidas pela memória, que não necessariamente busca ser fiel aos fatos. Elas dão a versão do autor sobre sua vida ou episódios da vida relevantes para ele, tanto no campo afetivo quanto documental. Manifestam uma necessidade íntima de expressão que, com um ponto de vista discutível ou não, nunca deixa de ser do indivíduo – e, portanto, tem seu valor.

Para que escrever diários, blogs ou memórias? Quando colocamos para fora alguns pensamentos, conquistamos certo alívio, da mesma forma que o paciente no divã de um analista. O paciente fala muito mais do que ouve; é esse processo de examinar a si mesmo, colocar para fora sentimentos e outras causas de nossas inquietações que põe ordem nas ideias e leva ao autoconhecimento, a forma de aceitar melhor e aprimorar a vida.

A psicóloga Cláudia Fontenelle Gonçalves, que criou um blog inicialmente para "sobreviver a uma crise pessoal, apesar de nunca tê-la descrito", diz que "escreve para aquietar a alma". Os textos não têm ordem, periodicidade e tampouco um formato característico. O objetivo da autora é simplesmente buscar no que ela chama de "submundo da mente" os pensamentos desconectados e organizá-los no papel – ou na tela do computador. Com isso, em um ano, ela obteve cerca de 40 mil seguidores, que se identificaram com o que escreve.

Claudia formou um público interessado no que escreve e com o qual pode se corresponder. No entanto, o exercício da escrita não passa necessariamente pela exposição: é possível desenvolver essa atividade de forma introspectiva, sem que o material seja publicado, criando o mesmo tipo de fluxo entre os pensamentos e as palavras.

Escritores fazem isso de forma pública e transformam o objeto de suas ocupações afetivas e intelectuais em trabalho. Fazem a análise de si mesmos e dos outros. Mesmo – ou sobretudo – quando o fazem na ficção. Por meio de seus "duplos" – personagens de histórias que podem aparentemente nada ter de seu –, o escritor coloca o ser humano na situação de rato de laboratório, numa área em que pode explorar possibilidades e fazer descobertas úteis para si mesmo e seus leitores. Daí sua importância cultural e social. Através de personagens fictícios, o romancista pode investigar o ser humano ao limite, abrindo horizontes novos para o leitor.

É esse o elo entre quem escreve e quem lê: em qualquer texto, pode-se reconhecer ideias, preocupações e sentimentos comuns ao ser humano de qualquer tempo e lugar. Galeria de imagens e emoções, a literatura é uma incursão nas profundezas emocionais que condicionam nosso comportamento, muitas vezes sem que possamos nos dar conta, por estarem por vezes ocultas em nós mesmos.

Essa maneira de refletir não é veleidade; ao escrever, ou por meio da leitura, podemos ganhar ideias, coragem, força. Reconhecer e experimentar velhos e novos sentimentos e emoções. Encontrar respostas e compartilhar soluções.

Como obter da prática da escrita o aprimoramento profissional

Conforme mencionamos alguns capítulos atrás, ao escrever com frequência, aguçamos a percepção de como se dá a busca pelas ideias. No princípio, rastreamos os pensamentos para transmiti-los ao texto de forma verossímil e que mais se aproxime do nosso ponto de vista. Depois de algum tempo, o processo inverso passa a acontecer e naturalmente aplicamos a organização da escrita no ato de pensar.

Os benefícios de escrever com segurança são rapidamente perceptíveis no ambiente de trabalho e independem da fase profissional. Um texto que expressa uma informação relevante com domínio da palavra não apenas dá sinais de consistência, conteúdo e autoconsciência, mas também possibilita o desenvolvimento dessas características. Por sua facilidade de expressão, a pessoa que escreve bem está mais propensa a se fazer notar e respeitar no ambiente de trabalho. Identifica com mais clareza as oportunidades de crescimento e destaca-se no relacionamento interpessoal.

Sofremos um bombardeio diário de informações, muitas inúteis e repetidas, que transitam nos meios eletrônicos a um custo baixo e muitas vezes sem tanto comprometimento com a veracidade quanto com a rapidez. Em diversas mídias, não cabe mais ao veículo responsabilizar-se pela qualidade da informação, mas sim ao leitor. E assim como a oferta de informações se amplia em detrimento da qualidade, o mesmo acontece com o nosso processo de concentração, que precisa se adaptar à variedade de fontes, acompanhá-las e selecioná-las em tempo cada vez mais reduzido.

A facilidade de acesso e abundância de fontes faz com que as muitas informações permaneçam na superficialidade e sejam extremamente voláteis: em uma semana, o assunto que manteve equipes inteiras discutindo horas ao redor de uma mesa não será nem mesmo lembrado. Isso é algo impossível de se evitar, uma tendência da situação em que vivemos. É necessário desenvolver, no entanto, o discernimento sobre quais assuntos merecem ser aprofundados, quais deles não podem ser ignorados, e quais deverão ser aproveitados imediatamente para, logo depois, descartá-los, assim como a maioria da informação abundante que diariamente escorre pelo ralo eletrônico.

A seleção de informações é um exercício constante e necessário em todas as áreas profissionais. Exige concentração e preparo, uma vez que o cérebro é acionado inúmeras vezes ao dia para lidar com a exposição e o processamento de cada nova ideia. Da necessidade de preparar a capacidade organizacional do pensamento, surge a proposta de utilizar a escrita criativa como um caminho para treinar e aperfeiçoar todas as formas de expressão.

Escrever nos permite aproveitar a bagagem cultural e experiências pessoais, complementadas pelas informações que recebemos diariamente. É também uma maneira de evitar que as ideias sucumbam com a mesma rapidez com que se diluem os boatos.

A transformação de conceitos em palavras passa por armadilhas e corre o risco de não traduzir corretamente o autor, que, com sorte, poderá detectar os desvios no texto e refazê-lo até que se dê por satisfeito. O prejuízo ocorre, no entanto, quando a prática da escrita mal desenvolvida não é notada e a informação é veiculada com margem para interpretações errôneas, falhando em atingir o objetivo principal, ou o que é pior: atingindo objetivos indesejados. Este é o primeiro obstáculo a ser transposto, e muitas vezes é o ponto em que estão bloqueadas pessoas competentes, cujo potencial parece escondido sob a névoa da comunicação.

O bloqueio criativo

O bloqueio na escrita indica um problema anterior, que é a falta de clareza das ideias. Quando não sabemos ao certo o que escrever, não é nos debruçando sobre o teclado que a mensagem se desenrolará sozinha. Escrever nos força a retroceder e pensar no que realmente queremos e temos a dizer. E nos leva ao centro dos problemas, o que nem sempre é fácil.

Para identificar a origem do bloqueio e aclarar as ideias, pode ser útil este roteiro:

1 - Tente identificar o que é o importante naquilo que quer dizer.

2 - Pense por que isso é importante.

3 - Alinhave em ordem sequencial as informações completares à principal, ou que a detalham.

A partir disso, você está preparado para escrever, o que então será apenas a transposição para o papel do que você realmente quer dizer. E pode depois brincar com as ideias, procurando uma forma que seja também mais interessante ou original de apresentar aquilo que é a essência do material escrito.

O exercício de escrever, portanto, não apenas ajuda na comunicação, mas principalmente força a pensar: escrever melhor resulta em pensar melhor. Aos poucos, o hábito faz com que pensamento e escrita afinal aconteçam ao mesmo tempo. Claro que, para isso, é preciso muita prática. Para essa ginástica da mente, é necessária alguma disciplina. Com um horário certo para começar, ou em uma atividade que nos obrigue a escrever diariamente, escrever vai se tornando mais fácil e o esforço de encontrar a ideia principal – e a ordem subsequente – vai se tornando progressivamente menor.

É frequente sentir-se inibido ou envergonhado diante da tela em branco por outro motivo que não a falta de clareza: o texto expõe a pessoa que está por trás daquelas ideias, sentimentos ou projetos. E surge o receio de que o texto não saia de acordo com suas próprias expectativas. Escrever expõe tanto as ideias quanto o autor. Quando elas não são boas, importantes ou originais, ou a informação não é relevante, isso se torna mais claro por escrito.

O exercício de escrever não serve para acobertar uma ideia falsa ou sem importância. Ao contrário, pode ajudar a identificar a falta de relevância da informação. Serve como instrumento para revisar as ideias e, a partir da clareza que permite sua exposição, trabalhar para aprimorá-las. Nenhum bloqueio, nesse sentido, vem da escrita, mas das ideias em si. E o esforço de desenvolvê-las no papel não apenas as aclara, mas também leva ao seu aperfeiçoamento real.

Desenvolvendo o domínio da escrita, a organização eficiente do pensamento e o recurso de checar a relevância das ideias, abrem-se diversos caminhos, não apenas para o profissional das letras, mas para aqueles que exercem qualquer tipo de atividade em que as ideias fazem diferença. O profissional que dispõe desses três recursos – escrever, pensar e avaliar – percorre o seu caminho com mais segurança e visibilidade.

A marca individual

No antigo Egito, o homem que escrevia era o detentor do poder. Com suas tabuinhas, ou às vezes o papiro, o homem que sabia escrever controlava tudo. Os escribas eram os altos burocratas: dominavam a máquina do Estado e das finanças, viviam próximos ao faraó e se comparavam em poder aos militares e aos sacerdotes.

Escrever sempre teve algo de mágico. A escrita representa o saber: ninguém sabe tanto quanto aquele que escreve. Claro que existe gente que escreve muito bem e utiliza esse instrumento para enganar ou manipular os outros. No entanto, há também gente que sabe muito e, por não conseguir se expressar bem, faz seu saber passar em branco. Escrever tem a força imanente de deixar um registro perene, o que confere ao autor importância e respeitabilidade. O exercício de escrever é também o exercício de pensar e criar. Ler e escrever estimulam a atividade intelectual, a navegação no mundo das ideias e a busca exploratória do conhecimento. Esse é um trabalho cada vez mais relevante no mundo contemporâneo.

Já vão quatro mil anos desde os escribas egípcios, e a palavra escrita tem mais força do que nunca. É o instrumento básico da chamada Era da Informação, em que a comunicação se tornou o bem mais importante para destacar pessoas e produtos no meio da multidão; com ela se forma, educa e acelera, por meio do conhecimento, o processo de desenvolvimento. Com a palavra pode-se melhorar a vida, com saúde e bem-estar.

As pessoas hoje passam o tempo envolvidas com suas especializações: constroem pontes, curam doentes, administram indústrias. Porém, não têm tempo para identificar as mudanças que afetarão a sociedade e sua vida particular, entender o que se passa à sua volta. Captar ou criar ideias e processos que podem modificar o mundo. Esse papel ainda cabe ao homem de ideias, que se dedica a escrever e a pensar.

Não importa se através do livro, do jornal, da revista ou de material técnico e científico, na forma de papel ou de meios eletrônicos: escrever continuará a ter sua influência no mundo, construindo as ideias que guiarão a Humanidade por este e pelos próximos séculos. Um auxílio importante para escrever é manter a cabeça aberta à investigação, ao novo, até ao inexplicável. Viver em busca não do conhecido, mas da próxima ideia que agitará o mundo. Defender um ponto de vista, escolhendo, entre tantos, os ideais por meio dos quais você pode se balizar.

Escrever é uma atividade sem limitações, já que tudo cabe no papel. Mas é também o caminho para criarmos o que não existe e deixar uma marca individual. Ou para veicular o que já existe, de forma a fazer chegarem as ideias a pessoas que antes não teriam acesso a elas.

Bem-vindo à grande aventura de escrever, na qual o maior crescimento é podermos ser cada vez mais nós mesmos e mostrar quanto isso pode fazer diferença.

AVENIDA